スラスラ 韓国語 2

술술 한국어 2

JN434684

スラスラ 韓国語 2

술술 한국어 2

고려대학교 한국어센터

이유경 이윤영 홍명옥 장은경

KOREA UNIVERSITY PRESS

고려대학교 출판문화원

삽화_최영아

はしがき

高麗大学国際語学院韓国語センターは1986年の設立以来、体系的な教授方法を基に、多様な学習者に対して韓国語と韓国文化を教育してきました。また、学習者の要望と、最新の韓国語教授学習理論を反映した多種の韓国語教材の開発にも取り組んできました。特に2010年に完刊した「재미있는 한국어 1~6」は、世界各国の韓国語教育機関において教材として用いられており、最近では中国と台湾で翻訳、出版されています。

本教材‘술술한국어2(スラスラ韓国語2)’は‘술술한국어1(スラスラ韓国語1)’に続き、日本人学習者のために作られた韓国語教材です。教材開発時に重きを置いた点は、日本人学習者に必要な多様なコミュニケーション状況に見合う韓国語資料を提供するということでした。特に、日韓の言語、及び文化比較を土台とした実際的な活動を盛り込み、日本人学習者の学習に役立つよう心掛けました。また、この教材は教育機関で韓国語を学ぶ学習者はもちろん、独学で韓国語を学ぶ学習者にも使っていただけるよう構成されており、日本語による詳細な説明のある別冊も付属しています。

高麗大学国際語学院韓国語センターを代表して、この教材の出版にあたり、執筆いただいた著者の皆様に心から御礼申し上げます。また、教材の完成度を高めるため、お忙しい中、監修を引き受けて下さった監修担当者金貞淑(キム・ジョンスク)教授に感謝申し上げます。また、韓国語センター室長としてこの教材の出版を主導して下さった辛志英(シン・ジヨン)教授、惜しみない関心、ご助言をいただいた教務部長、研究部長、そして韓国語講師の先生方にも感謝申し上げます。最後に教材の翻訳者と編集・出版を引き受けて下さった高麗大学出版部にも、心から感謝申し上げます。

今後、本書が多くの日本人学習者、そして日本、または韓国における様々な教育機関で有効に活用されることを願っております。さらに、本書を通じて日本人学習者が韓国語や韓国文化を容易に楽しみながら理解することができるようにと切に願っております。

2015年 4月

高麗大学国際語学院院長 李熙卿(イ・ヒギョン)

はじめに

* ‘술술 한국어(スラスラ韓国語)2’は、短期間で韓国語を学習することを目標とする日本人学習者のための初級レベルの教材として、初級の段階から必須となるテーマや機能を中心に構成されており、特に文法や語彙は日本語と韓国語の比較を通じて、日本人学習者に必要と思われる内容を取り入れている。

* ‘술술 한국어(スラスラ韓国語)2’は、本教材と別冊とで構成されている。本教材は10単元から成っており、会話1/2、語彙・表現1/2、文法1/2、練習+、活動、発音、自己評価、文化、間違えやすい韓国語で構成されている。また別冊は独学する学習者のために、わかりやすい文法説明、語彙の日本語訳、練習問題などが含まれている。

表題

・各単元のタイトルは、本文の対話の内容の中から、その単元の機能を象徴する文章を選定した。
・挿絵を通して、各単元のテーマと機能を推測することができる。
・その単元で学習する目標と機能、語彙・表現、文法、発音、文化について紹介する。

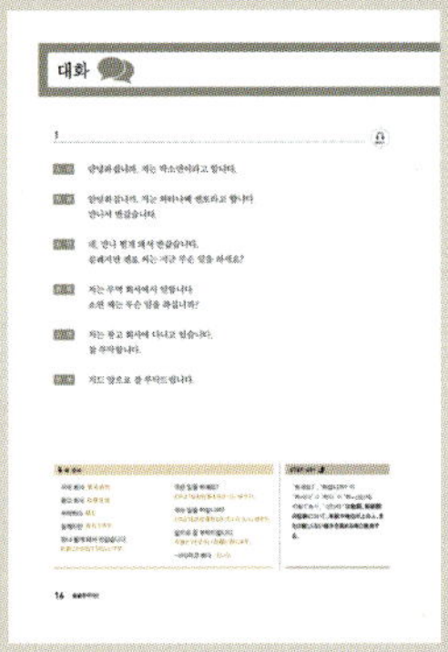

対話

・単元ごとにある2つの対話文は、各単元のテーマと関連して典型的に見られるシーンを選択し、目標機能や文法、語彙などが適切に組み込まれるよう構成されている。
・対話の下段には、対話を理解するのに必要な語彙を、日本語訳と合わせて提示した。

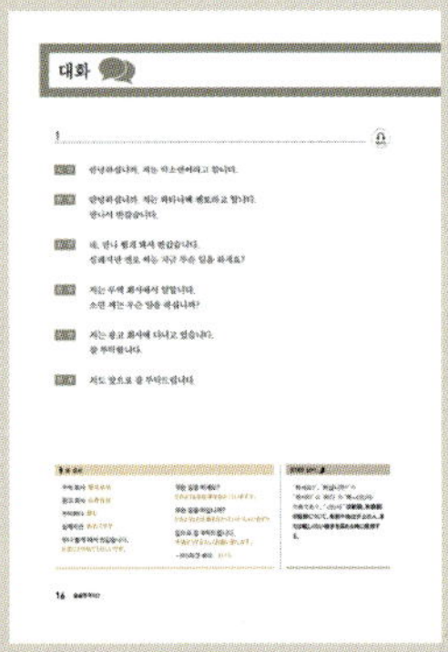

STEP UP

・‘STEP UP’には目標文法以外に、各単元のテーマと機能を遂行するために必要と思われる文法を提示した。これらの文法は別冊にも記載されており、別途、練習することが可能となっている。

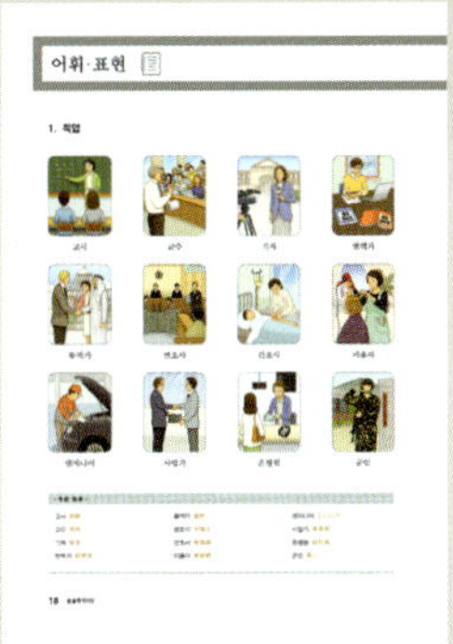

語彙·表現

・'語彙·表現1/2'は、各単元のテーマと機能を理解するのに必要なものを中心に選定し、学習者の理解を助けるため、挿絵と日本語訳を合わせて提示した。

・提示された語彙·表現を活用することができるよう、簡単な練習問題が含まれている。

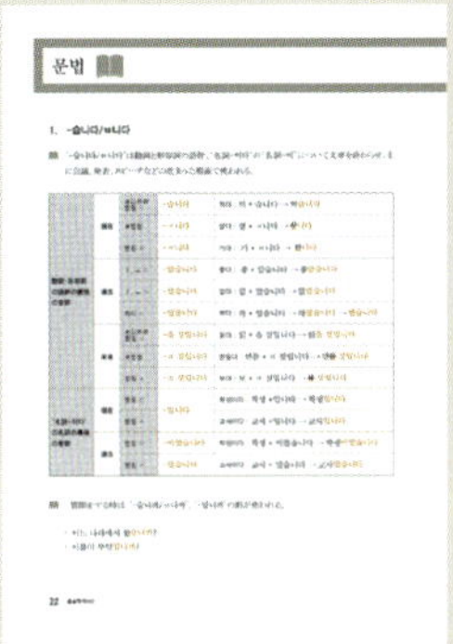

文法

・'文法1/2'は、各単元のテーマと機能を理解して使用するために必要な文型を中心に選定し、日本語による簡単な文法解説も提示した。

・提示された文法を活用することができるよう、簡単な文型練習が含まれている。

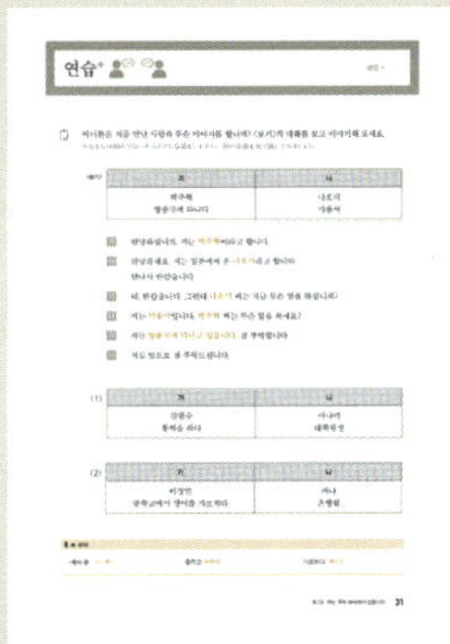

練習✚

・'練習+'は学習した語彙.表現、文法を使用し、自然な会話を作ってみるための総合練習である。活動の前に、与えられた状況に見合う会話を、学習者が自ら作ることができるように構成されている。

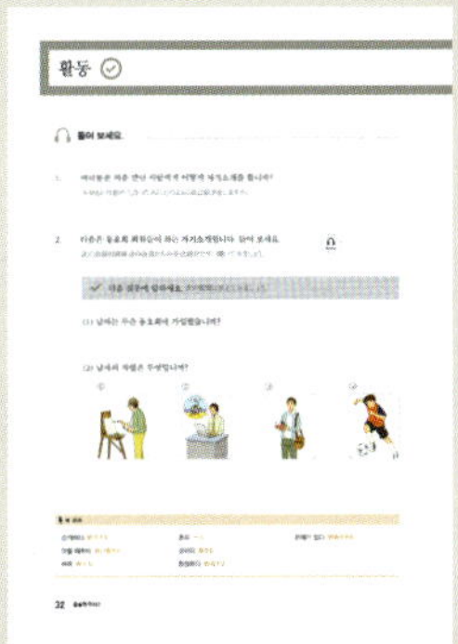

活動

・'活動'は'聞いてみましょう'、'話してみましょう'、'読んでみましょう'、'書いてみましょう'の4種類となっており、各単元で目標としているコミュニケーション機能を遂行することができるよう構成されている。

はじめに

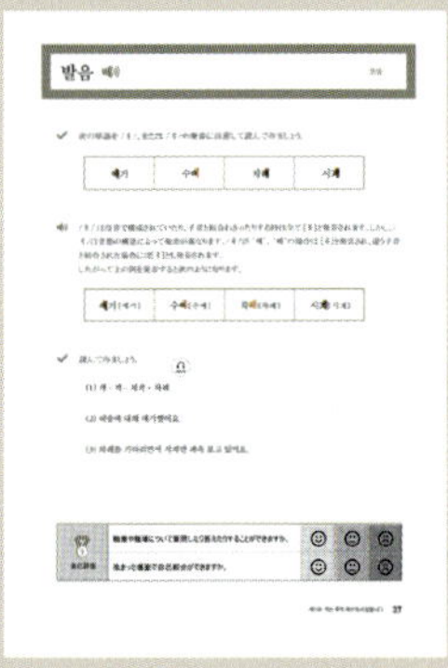

発音

・'発音'は各段階ごとに必要なものの内、日本人学習者が苦手とする発音を中心に選定した。日本語と韓国語の比較.説明を通じて学習者の理解を助ける役割をしている。

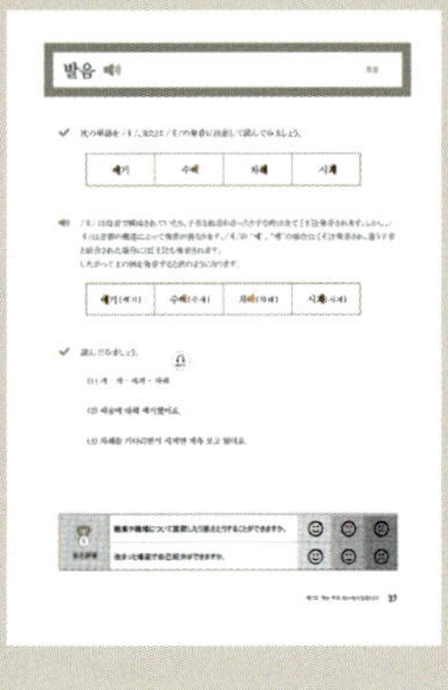

自己評価

・'自己評価'は、各単元で学習した目標内容を、学習者自ら判断することにより、理解度をチェックする機会を設けたものである。

文化

・'文化'は各単元のテーマと関連する韓国文化の中で、特に日本人学習者が関心を持つと予想される内容を中心に選定し、説明は日本語で記載した。

間違えやすい韓国語

・'間違えやすい韓国語'は、日本語と似ているため、日本人学習者が間違えやすい韓国語の文法や表現を提示した。

別冊

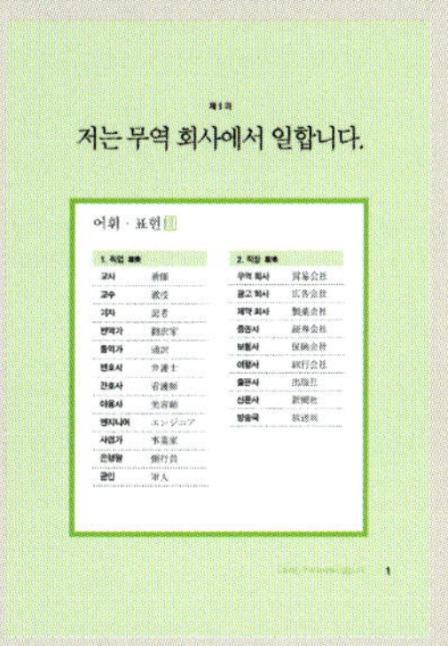

語彙·表現

・各単元の‘語彙·表現1/2’で提示された語彙と表現を、日本語訳と共に整理し、目標語彙と表現がひと目で分かるようになっている。

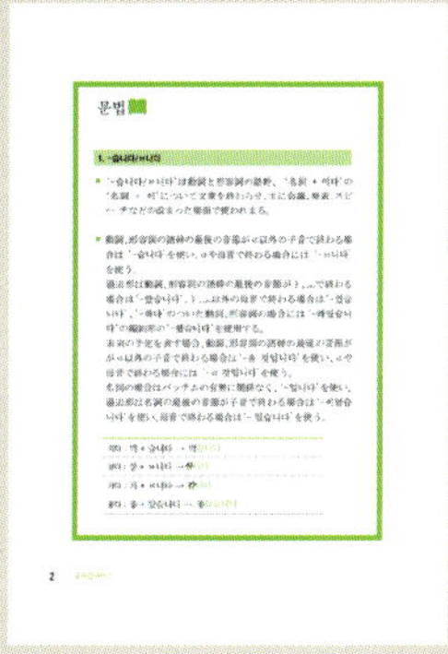

文法

・各単元の‘文法1/2’と‘STEP UP’で提示された文法に関する詳細な日本語解説と、簡単な練習問題が含まれている。

目次

シラバス

	テーマ	語彙·表現	文法
제1과 저는 무역 회사에서 일합니다.	自己紹介	• 職業 • 職場	• -습니다/ㅂ니다 • -고 있다
제2과 여기서 드실 거예요?	注文	• 注文1 • 注文1	• -아/어/여 보다 • -는/(으)ㄴ 것 같다
제3과 동생은 눈이 크고 얼굴이 작아요.	外見	• 体格 • 顔	• -는/(으)ㄴ • -는 편이다/(으)ㄴ 편이다
제4과 원피스 좀 보여 주세요.	服装	• 服の種類 • 着脱表現	• -는데/(으)ㄴ데 • -(으)ㄹ 것 같다
제5과 부탁이 하나 있는데요.	依頼·断り	• 依頼 • 依頼承諾や断り	• -아/어/여 주다 • -(으)ㄹ게요
제6과 너무 긴장돼서 실수를 했어요.	気持·感情	• 気持·感情1 • 気持·感情2	• -(으)ㄹ 때 • -겠-
제7과 유자차를 마시면 목이 덜 아플 거예요.	病院·薬局	• 身体 • 症状	• -(으)ㄴ • -(으)면
제8과 한복을 입어 본 적이 있어요.	文化体験	• 文化体験 • 感想	• -(으)ㄴ 적이 있다/없다 • -아야겠다/어야겠다/ 여야겠다
제9과 소포를 보내고 싶은데요.	銀行·郵便局	• 銀行業務 • 郵便局業務	• -(으)ㄹ • -아도/어도/여도 되다
제10과 진아 씨 고향은 어디예요?	故郷	• 方位 • 都市の特徴	• -만큼 • -아지다/어지다/여지다

STEP UP	発音	文化	間違いやすい韓国語
• -(으)시-	ㅐとㅔ	所属	작년에 회사에 다니고 있었어요.
	連音	韓国の膳	
• 現在の状態を表現する過去形 • ㅎ不規則	鼻音化1 (パッチム[ㄱ],[ㄷ],[ㅂ]+/ㄴ/)	身体に関する慣用表現	
• -아/어/여 보이다 • -(으)까요	パッチム/ㄺ/	服の洗濯方法	사이즈가 작아서 다른 걸로 주세요.
• -기는요	疑問詞を使った疑問文の二つのイントネーション	断りの表現	천천히 먹어 주세요.
• -아하다/어하다/여하다	鼻音化2 (パッチム[ㄱ],[ㄷ],[ㅂ]+/ㅁ/)	気持・感情と関連のある慣用表現	
• -지 말다 • ㅅ不規則	激音化	病院の種類	아기가 갑자기 열이 나면 어떻게 하면 좋아요?
• -게 • -지 않다	口蓋音化	サムルノリ	
• -(으)려고 하다 • -(으)면 안 되다	/ㄹ-ㄹ/	韓国の通貨	
• -아서/어서/여서 그런지 • -게 되다	ㅎ弱音化	韓国の行政区域	내 친구는 유명이에요.

제1과

저는 무역 회사에서 일합니다.

目標	改まった場面で自己紹介ができる。
語彙・表現	職業, 職場
文法	-습니다/ㅂ니다, -고 있다
発音	ㅐと ㅔ
文化	所属

대화

1

WAV 2

소 연 안녕하십니까. 저는 박소연이라고 합니다.

켄 토 안녕하십니까. 저는 와타나베 켄토라고 합니다.
만나서 반갑습니다.

소 연 네, 만나 뵙게 돼서 반갑습니다.
실례지만 켄토 씨는 지금 무슨 일을 하세요?

켄 토 저는 무역 회사에서 일합니다.
소연 씨는 무슨 일을 하십니까?

소 연 저는 광고 회사에 다니고 있습니다.
잘 부탁합니다.

켄 토 저도 앞으로 잘 부탁드립니다.

새 단어

무역 회사 **貿易会社**

광고 회사 **広告会社**

부탁하다 **頼む**

실례지만 **失礼ですが**

만나 뵙게 돼서 반갑습니다.
お目にかかれてうれしいです。

무슨 일을 하세요?
どのようなお仕事をなさっていますか。

무슨 일을 하십니까?
どのようなお仕事をなさっていらっしゃいますか。

앞으로 잘 부탁드립니다.
今後どうぞよろしくお願い致します。

-(이)라고 하다 -という。

STEP UP!

'하세요?', '하십니까?'の'하시다'は'하다'の'하+-(으)시-'の形であり, '-(으)시-'は動詞、形容詞の語幹について、年齢や地位が上の人、または親しくない相手を高める時に使用する。

2

WAV 3

민석 오늘 우리 애니메이션 동호회에 새 회원이 들어오셨습니다.
에리카 씨, 간단히 자기소개를 해 주세요.

에리카 안녕하세요. 니시다 에리카라고 합니다.
앞으로 잘 부탁드립니다.

켄토 안녕하세요. 저는 켄토입니다.
그런데 에리카 씨는 어떤 일을 하세요?

에리카 저는 번역하는 일을 하고 있습니다.
그래서 가끔 외국 애니메이션도 번역합니다.

민석 그렇군요. 앞으로 열심히 활동하시기 바랍니다.

에리카 네. 잘 부탁드립니다.

새 단어

애니메이션 アニメーション	들어오다 入ってくる	활동하다 活動する
동호회 同好会	간단히 簡単に	그렇군요. そうですか。
새 新しい（＋名詞）	자기소개 自己紹介	-기 바라다 -するよう望む
회원 会員	번역하는 일 翻訳すること	

어휘 · 표현

1. 직업

교사

교수

기자

번역가

통역가

변호사

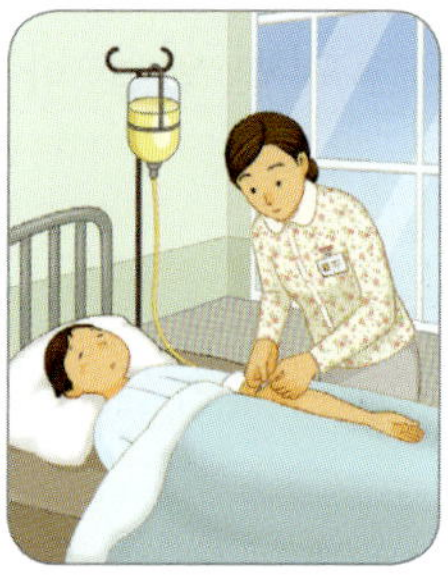
간호사

미용사

엔지니어

사업가

은행원

군인

· 직업 職業 ·

교사 教師
교수 教授
기자 記者
번역가 翻訳家

통역가 通訳
변호사 弁護士
간호사 看護師
미용사 美容師

엔지니어 エンジニア
사업가 事業家
은행원 銀行員
군인 軍人

연습 1 다음 그림을 보고 〈보기〉와 같이 이야기해 보세요.

次の絵を見ながら例のように話してみましょう。

〈보기〉

가 : 지금 무슨 일을 해요?

나 : 저는 기자예요.

(1)

(2)

(3)

(4)

(5)

(6)

연습 2 여러분은 지금 무슨 일을 해요? 앞으로 무슨 일을 하고 싶어요?
〈보기〉와 같이 친구와 이야기해 보세요.

みなさんは今どんな仕事をしていますか。今後どんな仕事をしてみたいですか。例のように友だちと話してみましょう。

〈보기 1〉

가 : 지금 무슨 일을 해요?

나 : 저는 사업가예요.

〈보기 2〉

가 : 앞으로 무슨 일을 하고 싶어요?

나 : 저는 사업가가 되고 싶어요.

새 단어

-이/가 되다 -になる

어휘·표현

2. 직장

무역 회사

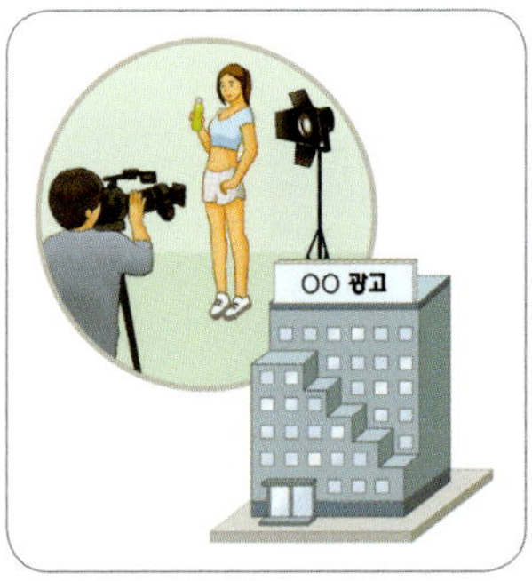

광고 회사

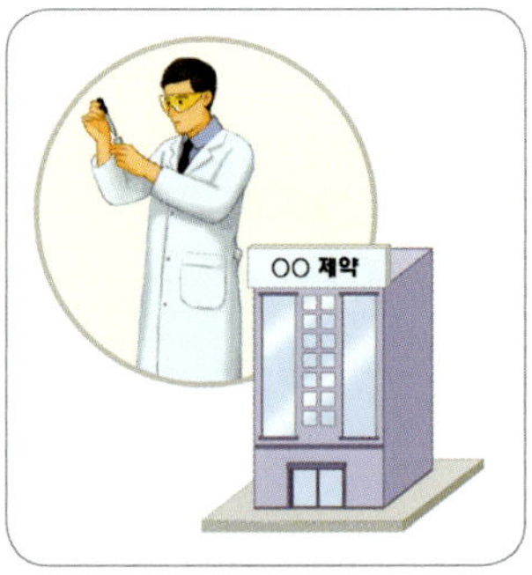

제약 회사

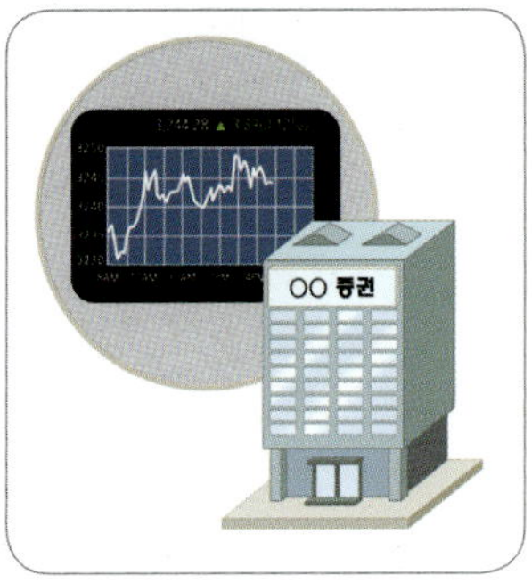

증권사

보험사

여행사

출판사

신문사

방송국

· 직장 職場 ·

무역 회사 貿易会社	증권사 証券会社	출판사 出版社
광고 회사 広告会社	보험사 保険会社	신문사 新聞社
제약 회사 製薬会社	여행사 旅行会社	방송국 放送局

연습 1 다음 그림을 보고 〈보기〉와 같이 이야기해 보세요.

次の絵を見ながら例のように話してみましょう。

〈보기〉

가 : 지금 어떤 일을 해요?

나 : 저는 무역 회사에 다녀요.

(1)

(2)

(3)

(4)

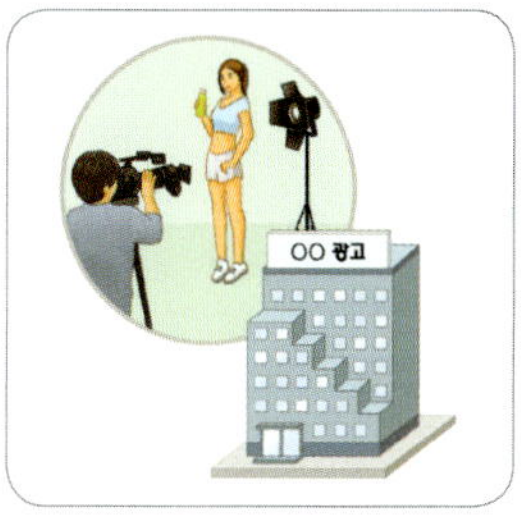

연습 2 여러분은 지금 무슨 일을 해요? 앞으로 어떤 회사에 다니고 싶어요?
〈보기〉와 같이 친구와 이야기해 보세요.

みなさんは今どんな仕事をしていますか。今後どんな会社に勤めたいですか。例のように友だちと話してみましょう。

〈보기 1〉

가 : 지금 무슨 일을 해요?

나 : 저는 출판사에 다녀요.

〈보기 2〉

가 : 앞으로 어떤 회사에 다니고 싶어요?

나 : 저는 출판사에 다니고 싶어요.

문법

1. -습니다/ㅂ니다

'-습니다/ㅂ니다'は動詞と形容詞の語幹、'名詞+이다'の'名詞+이'について文章を終わらせ、主に会議、発表、スピーチなどの改まった場面で使われる。

動詞・形容詞の語幹の最後の音節	現在	ㄹ以外の받침 ○	-습니다	먹다 : 먹 + 습니다 → 먹습니다
		ㄹ받침	-ㅂ니다	살다 : 살 + ㅂ니다 → 삽니다
		받침 ×	-ㅂ니다	가다 : 가 + ㅂ니다 → 갑니다
	過去	ㅏ, ㅗ ○	-았습니다	좋다 : 좋 + 았습니다 → 좋았습니다
		ㅏ, ㅗ ×	-었습니다	없다 : 없 + 었습니다 → 없었습니다
		하다 ○	-였습니다	하다 : 하 + 였습니다 → 하였습니다 → 했습니다
	未来	ㄹ以外の받침 ○	-을 것입니다	읽다 : 읽 + 을 것입니다 → 읽을 것입니다
		ㄹ받침	-ㄹ 것입니다	만들다 : 만들 + ㄹ 것입니다 → 만들 것입니다
		받침 ×	-ㄹ 것입니다	보다 : 보 + ㄹ 것입니다 → 볼 것입니다
'名詞+이다'の名詞の最後の音節	現在	받침 ○	-입니다	학생이다 : 학생 +입니다 → 학생입니다
		받침 ×		교사이다 : 교사 +입니다 → 교사입니다
	過去	받침 ○	-이었습니다	학생이다 : 학생 + 이었습니다 → 학생이었습니다
		받침 ×	-였습니다	교사이다 : 교사 + 였습니다 → 교사였습니다

質問をする時は '-습니까/ㅂ니까', '-입니까'の形が使われる。

- 어느 나라에서 왔습니까?
- 이름이 무엇입니까?

(1) 가 : 실례지만 지금 무슨 일을 합니까?
나 : 저는 회사에 다닙니다.

(2) 가 : 고향이 어디입니까?
나 : 저는 일본 나고야에서 왔습니다.

(3) 가 : 취미가 무엇입니까?
나 : 저는 시간이 있을 때 음악을 자주 듣습니다.

(4) 가 : 앞으로 계획이 어떻게 되십니까?
나 : 한일 문화 동아리를 만들 것입니다.

새 단어

계획 計画 문화 文化
한일 日韓 동아리 サークル

문법

연습 1 〈보기〉와 같이 쓰세요.

例のように書いてみましょう。

〈보기〉 가다 ⇨ 갑니다 갔습니다 갈 것입니다

(1) 읽다 ⇨ ....

(2) 보다 ⇨ ....

(3) 하다 ⇨ ....

(4) 놀다 ⇨ ....

(5) 듣다 ⇨ ....

(6) 쓰다 ⇨ ....

(7) 바쁘다 ⇨ ....

(8) 춥다 ⇨ ....

(9) 기자이다 ⇨ ....

(10) 회사원이다 ⇨ ....

연습 2 〈보기〉와 같이 ________ 에 알맞은 말을 넣어 이야기한 후 쓰세요.

例のように ________ に当てはまる言葉を入れて話してみましょう。その後、下線部に書いてみましょう。

〈보기〉
가 : 요즘 무슨 책을 읽습니까?
나 : 한국 소설책을 자주 읽습니다.

(1) 가 : 무슨 음식을 제일 ________________?
나 : 저는 ________________.

(2) 가 : 지난 휴가 때 무엇을 ________________?
나 : 친구와 ________________.

(3) 가 : 다음 방학에 어디에 여행을 ________________?
나 : 제주도에 여행을 ________________.

(4) 가 : 보통 주말에 무엇을 ________________?
나 : 저는 ________________.

새 단어

소설책 小説本	제일 一番	휴가 休み

연습 3 여러분은 연예인 중에서 누구를 좋아해요?

기자와 연예인이 되어 〈보기〉와 같이 인터뷰를 해 보세요.

みなさんは芸能人の中で誰が好きですか。記者と芸能人になって、例のようにインタビューをしてみましょう。

〈보기〉

가 : 사토 씨는 시간이 있을 때 무엇을 합니까?

나 : 저는 시간이 있을 때 산책을 합니다.

질문 \ 이름	사토
〈보기〉 시간이 있을 때 무엇을 합니까?	산책을 하다
(1)	
(2)	

문법 文法

2. -고 있다

'-고 있다'は動詞の語幹について、ある時点において、その行為が進行したり、継続したりしていることを表す。

動詞の語幹の最後の音節	받침 ○	-고 있다	읽다 : 읽 + 고 있다 → 읽고 있다
	받침 ×		가다 : 가 + 고 있다 → 가고 있다

'-고 있다'の過去表現である '-고 있었다'は過去のある時点において、動作が進行していたことを表す。但し、特定の時点ではなく、過去に一定期間継続して行われていた動作は '-았/었/였-'を使わなくてはならない。

- 어제 수미 씨가 우리집에 놀러 왔어요. 그런데 그때 저는 자고 있었어요. (○)
- 저는 대학 때 경영학을 전공하고 있었어요. (×) → 전공했어요. (○)

(1) 가 : 유코 씨는 한국에서 무슨 일을 해요?
나 : 저는 한국에서 회사에 다니고 있어요.

(2) 가 : 소영 씨는 지금 뭐 해요?
나 : 방에서 책을 읽고 있어요.

(3) 가 : 시노 씨 언니도 한국에 있어요?
나 : 네. 요즘 한국어를 배우고 있어요.

(4) 가 : 아까 왜 전화를 안 받았어요?
나 : 운전하고 있었어요. 그래서 못 받았어요.

새 단어

경영학 経営学
전공하다 専攻する
방 部屋
요즘 最近
배우다 学ぶ
아까 さきほど
운전하다 運転する

문법

연습 1 〈보기〉와 같이 쓰세요.

例のように書いてみましょう。

〈보기〉 가다 ⇨ 가고 있어요

(1) 읽다 ⇨ ....

(2) 쓰다 ⇨ ....

(3) 일하다 ⇨ ....

(4) 다니다 ⇨ ....

(5) 살다 ⇨ ....

(6) 듣다 ⇨ ....

연습 2 다음 그림을 보고 〈보기〉와 같이 ______ 에 알맞은 말을 넣어 이야기한 후 쓰세요.

次の絵を見ながら、例のように ______ に当てはまる言葉を入れて話してみましょう。その後、下線部に書いてみましょう。

〈보기〉

가 : 카나 씨, 지금 뭐 해요?

나 : 텔레비전을 보고 있어요.

(1)

가 : 사토미 씨, 지금 뭐 해요?

나 : 커피숍에서 ______.

(2)

가 : 현정 씨, 지금 뭐 해요?

나 : 집에서 ______.

(3)

가 : 유코 씨, 전화를 왜 안 받았어요?

뭐 했어요?

나 : ______.

그래서 전화를 못 받았어요.

(4)

가 : 유스케 씨는 한국에서 무슨 일을 해요?

나 : 한국 회사에 ....

(5)

가 : 연희 씨는 운동하는 것을 좋아해요?

나 : 네. 요즘은 테니스를 ....

(6)

가 : 정호 씨는 요즘 어떻게 지내요?

나 : 편의점에서 아르바이트를 ....

연습 3 여러분 주위의 사람들은 무엇을 하고 있어요? 〈보기〉와 같이 친구와 이야기해 보세요.

みなさんの周りの人は何をしていていますか。例のように友だちと話してみましょう。

〈보기 1〉
가 : 히로미 씨는 지금 뭐 하고 있어요?
나 : 히로미 씨는 책을 읽고 있어요.

〈보기 2〉
가 : 히로미 씨, 한국에서 뭐 해요?
나 : 저는 한국어를 배우고 있어요.

연습+

練習+

여러분은 처음 만난 사람과 무슨 이야기를 합니까? 〈보기〉의 대화를 보고 이야기해 보세요.
みなさんは初めて会った人とどんな話をしますか。例の会話を見て話してみましょう。

〈보기〉

가	나
박주혁 방송국에 다니다	나오미 미용사

가 안녕하십니까. 저는 박주혁이라고 합니다.

나 안녕하세요. 저는 일본에서 온 나오미라고 합니다.
만나서 반갑습니다.

가 네, 반갑습니다. 그런데 나오미 씨는 지금 무슨 일을 하십니까?

나 저는 미용사입니다. 박주혁 씨는 무슨 일을 하세요?

가 저는 방송국에 다니고 있습니다. 잘 부탁합니다.

나 저도 앞으로 잘 부탁드립니다.

(1)

가	나
김현수 통역을 하다	마나미 대학원생

(2)

가	나
이정민 중학교에서 영어를 가르치다	카나 은행원

새 단어

-에서 온 -から来た
중학교 中学校
가르치다 教える

활동

들어 보세요.

1. 여러분은 처음 만난 사람에게 어떻게 자기소개를 합니까?
みなさんは初めて会った人にどのように自己紹介をしますか。

2. 다음은 동호회 회원들이 하는 자기소개입니다. 들어 보세요. WAV 4
次の会話は同好会の会員たちの自己紹介です。聞いてみましょう。

다음 질문에 답하세요. 次の質問に答えてみましょう。

(1) 남자는 무슨 동호회에 가입했습니까?

(2) 남자의 직업은 무엇입니까?

①

②

③

④

새 단어

소개하다 紹介する	혼자 一人	관계가 있다 関係がある
어릴 때부터 幼い頃から	모이다 集まる	
여러 様々な	환영하다 歓迎する	

이야기해 보세요.

1. 여러분은 처음 만난 사람과 무슨 이야기를 합니까?
   みなさんは初めて会った人とどんな話をしますか。

2. 처음 만난 사람을 인터뷰한 후 그 내용을 발표해 보세요.
   初めて会った人にインタビューをした後、その内容を発表してみましょう。

이름	직업	사는 곳	취미

활동

읽어 보세요.

1. 여러분은 자기소개 글을 읽어 본 적이 있습니까? 어떤 내용이 있었습니까?
   みなさんは自己紹介文を読んでみたことがありますか。どんな内容でしたか。

2. 다음은 자기소개 글입니다. 읽어 보세요.
   次の文章は自己紹介文です。読んでみましょう。

> 저는 사토 케이스케라고 합니다. 제 고향은 홋카이도입니다. 우리 가족은 홋카이도에 살고 있습니다. 저도 대학 때까지는 홋카이도에서 살았지만 대학을 졸업하고 이 년 전부터 도쿄에 살고 있습니다. 지금 도쿄에서 은행에 다니고 있습니다.
> 저는 시간이 있을 때 자주 한국 음식을 먹으러 한국 식당에 갑니다. 한국 음식 중에는 비빔밥하고 순두부찌개를 무척 좋아합니다. 제 취미는 등산하는 것입니다. 한 달에 한두 번 정도 도쿄 근처의 산에 갑니다.

새 단어

홋카이도 北海道
졸업하다 卒業する
도쿄 東京
무척 とても
한두 번 1、2回
정도 程度
근처 近所
-중 -中

다음을 읽고 위의 내용과 같으면 ○, 다르면 ×에 표시하세요.
次の文を読んで内容と一致する場合は○、一致しない場合は×にチェックを入れてみましょう。

(1) 이 사람은 은행원입니다. ○ ×

(2) 이 사람은 지금 홋카이도에 삽니다. ○ ×

(3) 이 사람은 대학을 졸업하고 도쿄에 갈 것입니다. ○ ×

(4) 이 사람은 한국 음식과 등산을 좋아합니다. ○ ×

써 보세요.

1. 여러분은 자기소개 글을 써 본 적이 있습니까?
어떤 내용을 쓰겠습니까? 간단하게 메모해 보세요.
みなさんは自己紹介文を書いてみたことはありますか。どんな内容を書きますか。簡単にメモしてみましょう。

2. 위의 내용을 바탕으로 자신을 소개하는 글을 써 보세요.
上記の内容をもとに、自己紹介文を書いてみましょう。

발음

発音

✔ 次の単語を /ㅒ/、または /ㅖ/の発音に注意して読んでみましょう。

얘기	수예	차례	시계

/ㅒ/ は母音で構成されていたり、子音と組合わさったりする時は全て [ㅒ]と発音されます。しかし、/ㅖ/は音節の構造によって発音が異なります。/ㅖ/が '예', '례'の場合は [ㅖ]と発音され、違う子音と結合された場合には[ㅔ]とも発音されます。
したがって上の例を発音すると次のようになります。

얘기 [얘기]	수예[수예]	차례[차례]	시계[시게]

✔ 読んでみましょう。 WAV 5

(1) 개 – 재 – 세계 - 차례

(2) 예술에 대해 얘기했어요.

(3) 차례를 기다리면서 시계만 계속 보고 있어요.

自己評価		☺	😐	☹
	職業や職場について質問したり答えたりすることができますか。	☺	😐	☹
	改まった場面で自己紹介ができますか。	☺	😐	☹

문화

文化

✔ 학번, 동기라는 말을 들어 본 적이 있습니까? 언제 사용하는 표현일까요?

'학번, 동기'という言葉を聞いたことがありますか。どのような時に使用される表現でしょうか。

韓国で生活してみると、色々な場面で自己紹介をすることになるでしょう。自己紹介をする時、大学生ならば'학번이 어떻게 되세요?(学番はどうなっていますか。)'という言葉がよく用いられるかと思います。先輩・後輩関係が比較的厳しい韓国では、年齢よりも入学年度がより優先されるため、入学年度の分かる学番を尋ねる場合が多いのです。韓国では所属または連帯を重視するため、専攻もまた、自己紹介をする際、重要な要素となります。会社員ならば'기수가 어떻게 되세요?('期数がどうなりますか。)や'이쪽은 제 입사 동기입니다(こちらは私の入社同期です)'というように先輩・後輩関係や所属を表わす表現をたくさん使うことになります。このような表現を知っていると、より一層韓国社会を理解することができるでしょう。

上の表現は次のように使用できます。

가 : 학번이 어떻게 되세요?
나 : 12(일이)학번입니다.

가 : 기수가 어떻게 되세요?
나 : 15(십오)기입니다.

✔ 여러분도 자기 소개할 때 위의 표현을 사용해서 이야기해 보세요.

みなさんも自己紹介をする時は、上の表現を使って話してみましょう。

알쏭달쏭 한국어

間違えやすい韓国語

韓国語の‘ – 고 있다’は、あることが進行していたり持続したりしていることを表す表現で、日本{語の‘-ている’に該当します。また、‘ – 고 있다’の過去型‘ – 고 있었다’は、日本{語の‘-ていた’に該当します。しかし、韓国語の‘-고 있었다’は過去のある特定の時点でのみ使われ、時点が漠然としている場合には‘-고 있었다’ではなく、‘-았/었/였다’を使います。例えば‘저는 작년에 회사에 다녔어요.’というように‘昨年’という漠然とした時点に対しては、日本{語の‘私は昨年、学校に通っていました。’というような形は使えません。‘제 친구가 취직을 했을 때 저는 아직 학교에 다니고 있었어요.’の‘私の友達が就職した当時’のように、明確な過去の時点でのみ‘-고 있었다’を使用します。

연 습 次のうち、間違った文章はどれでしょうか。選んでみましょう。

(1) 제가 거기에 도착했을 때 모두 식사를 하고 있었어요.

(2) 저는 2년 전에 일본에서 무역 회사에서 일하고 있었어요.

(3) 제 친구가 놀러 왔을 때 집에서 텔레비전을 보고 있었어요.

正解 (2)

제2과

여기서 드실 거예요?

目標	コーヒショップや食堂で希望するものを注文することができる。
語彙·表現	注文1, 注文2
文法	-아/어/여 보다, -는/(으)ㄴ 것 같다
発音	連音
文化	韓国の膳

대화

1

WAV 6

점 원 주문하시겠어요?

에리카 잠깐만요. 켄토 씨, 뭐 마실래요?

켄 토 이 집은 팥빙수가 인기가 많은 것 같아요. 저는 팥빙수를 먹어 볼래요.

에리카 그럼 팥빙수 하나하고 아메리카노 하나 주세요.

점 원 머그잔에 드릴까요?

에리카 아니요. 가져갈 거예요. 일회용 컵에 주세요.

점 원 네. 만 이천 원입니다. 잠시만 기다리세요. 진동벨로 알려 드리겠습니다.

새 단어

주문하다 注文する
팥빙수 パッピンス(あずきのかき氷)
인기가 많다 人気がある
아메리카노 アメリカーノ
머그잔 マグカップ
가져가다 テイクアウトする
일회용 컵 紙コップ
진동벨 出来上がりを知らせるブザー

2

WAV 7

손 님 여기요.

점 원 네. 주문하시겠어요?

손 님 네. 그런데 여기 뭐가 맛있어요?

점 원 양념 갈비가 맛있어요. 한번 드셔 보세요.

손 님 그럼 갈비 3인분 주세요.

〈식사 중〉

손 님 여기 반찬 좀 더 주시겠어요? 그리고 불판 좀 갈아 주세요.

점 원 네. 잠깐만 기다리세요.

새 단어

양념 갈비 味付けカルビ
반찬 おかず
갈아 주세요. 取替えてください。
식사 중 食事中
불판 鉄板

어휘·표현

1. 주문1

어떤 사이즈로 드릴까요?

큰 걸로 주세요.

작은 걸로 주세요.

머그잔에 드릴까요?

머그잔에 주세요.

일회용 컵에 주세요.

여기서 드실 거예요?

여기에서 마실 거예요.

가져갈 거예요.

데워 주세요.

진동벨로 알려 드릴게요.

· 주문1 注文1 ·

어떤 사이즈로 드릴까요?
サイズはいかがいたしますか。

큰 걸로 주세요.
大きいものでお願いします。

작은 걸로 주세요.
小さいものでお願いします。

머그잔에 드릴까요?
マグカップでよろしいですか。

머그잔에 주세요.
マグカップでお願いします。

일회용 컵에 주세요.
紙コップでお願いします。

여기서 드실 거예요?
こちらでお召し上がりですか。

여기서 마실 거예요.
ここで飲みます。

가져갈 거예요.
テイクアウトします。

데워 주세요.
温めてください。

진동벨로 알려 드릴게요.
ブザーでお知らせします。

연습 1 다음 그림을 보고 〈보기〉와 같이 이야기해 보세요.

次の絵を見ながら例のように話してみましょう。

〈보기〉

가 : 어떤 사이즈로 드릴까요?

나 : 작은 걸로 주세요.

(1)

가 : ....

나 : 네. 감사합니다.

(2)

가 : 여기서 드실 거예요?

나 : 아니요. ....

(3)

가 : 머그잔에 드릴까요?

나 : 아니요. ....

(4)

가 : ....

나 : 네. 알겠습니다.

어휘 · 표현

2. 주문2

여기 주문할게요.

숟가락/젓가락/접시/물수건 좀 갖다 주세요.

상을 치워 주세요.

여기 좀 닦아 주세요.

반찬 좀 더 주세요.

· 주문2 注文2 ·

여기 주문할게요.
ここ注文お願いします。

숟가락/젓가락/접시/물수건 좀 갖다 주세요.
スプーン/お箸/お皿/おしぼりを頂けますか。

상을 치워 주세요.
テーブルを片付けてください。

여기 좀 닦아 주세요.
ここちょっと拭いてください。

반찬 좀 더 주세요.
おかずをもう少しください。

연습 1 다음 그림을 보고 〈보기〉와 같이 이야기해 보세요.

次の絵を見ながら例のように話してみましょう。

〈보기〉

가 : 여기요, 상을 치워 주세요.

나 : 네. 잠깐만 기다리세요.

(1)

가 : 여기요, ...

나 : 네. 잠깐만 기다리세요.

(2)

가 : ....

나 : 네. 어떤 걸로 드릴까요?

(3)

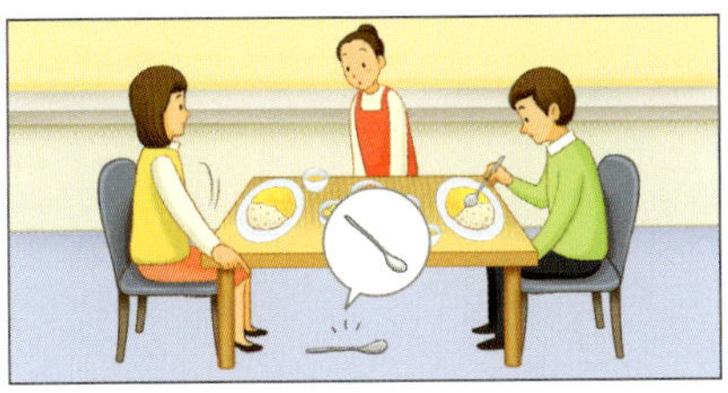

가 : ....

나 : 네. 바로 갖다 드릴게요.

(4)

가 : 뭐 필요한 거 있으세요?

나 : ....

문법

1. -아/어/여 보다

'-아/어/여 보다'は動詞の語幹について、その動作をしてみること、すなわち試みを表す。

動詞の語幹の最後の音節	ㅏ,ㅗ ○	-아 보다	살다 : 살 + 아 보다 → 살아 보다
	ㅏ,ㅗ ×	-어 보다	읽다 : 읽 + 어 보다 → 읽어 보다
	하다 ○	-여 보다	하다 : 하 + 여 보다 → 하여 보다 → 해 보다

'-아/어/여 보다'は場面によって経験、もしくはすすめることを表す。

- 가 봤어요. 行ってみました。
- 가 보세요. 行ってみなさい。

(1) 가 : 갈비를 먹어 봤어요?
나 : 네. 전에 한 번 먹어 봤어요.

(2) 가 : 이번 휴가 때 어디에 가고 싶어요?
나 : 제주도에 가 보고 싶어요.

(3) 가 : 지나 씨를 만나 봤어요?
나 : 아니요. 아직 못 만나 봤어요.

(4) 가 : 이번 일은 에리카 씨가 한번 해 보세요.
나 : 네. 알겠습니다.

연습 1 〈보기〉와 같이 쓰세요.

例のように書いてみましょう。

〈보기〉 가다 ⇨ 가 봤어요 가 보세요

(1) 타다 ⇨ ....

(2) 입다 ⇨ ....

(3) 만들다 ⇨ ....

(4) 듣다 ⇨ ....

(5) 쓰다 ⇨ ....

(6) 하다 ⇨ ....

문법

연습 2 〈보기〉와 같이 ________ 에 알맞은 말을 넣어 이야기한 후 쓰세요.

例のように ________ に当てはまる言葉を入れて話してみましょう。その後、下線部に書いてみましょう。

〈보기〉

가 : 설악산에 가 봤어요?

나 : 네. 설악산에 가서 등산을 했어요.

(1) 가 : 삼계탕을 ________?

나 : 아니요. 한번 먹어 보고 싶어요.

(2) 가 : 영수 씨, ________?

나 : 네. 저는 겨울에 스키를 자주 타러 가요.

(3) 가 : 구두를 하나 사고 싶어요.

나 : 그럼 명동에 한번 ________.

(4) 가 : 저 바지 참 예쁘네요.

나 : 그럼 한번 ________.

연습 3 여러분은 소개하고 싶은 특별한 경험이 있어요? 〈보기〉와 같이 친구와 이야기해 보세요.

みなさんは紹介したい特別な経験がありますか。例のように友だちと話してみましょう。

〈보기〉

가 : 미라 씨는 제주도에 가 봤어요?
나 : 네. 가 봤어요.
가 : 제주도에서 무엇을 했어요?
나 : 제주도 음식도 먹어 보고, 여기저기 구경도 했어요.
소민 씨도 가 보세요.

장소	
음식	
사람	

문법

2. -는 것 같다/(으)ㄴ 것 같다

'-는 것 같다/(으)ㄴ 것 같다'は動詞、形容詞の語幹、'名詞+이다'の'名詞+이'について、現在の推測を表す。

'-는 것 같다/(으)ㄴ 것 같다'は、話し手の考えを控えめに表現する時にも使用する。

動詞の語幹の最後の音節	ㄹ以外の받침○	-는 것 같다	먹다 : 먹 + 는 것 같다 → 먹는 것 같다
	ㄹ받침		살다 : 살 + 는 것 같다 → 사는 것 같다
	받침 ×		가다 : 가 + 는 것 같다 → 가는 것 같다
形容詞の語幹の最後の音節	ㄹ以外の받침○	-은 것 같다	작다 : 작 + 은 것 같다 → 작은 것 같다
	ㄹ받침	-ㄴ 것 같다	길다 : 길 + ㄴ 것 같다 → 긴 것 같다
	받침 ×		크다 : 크 + ㄴ 것 같다 → 큰 것 같다
'名詞+이다'の名詞の最後の音節	받침○	-인 것 같다	학생이다 : 학생 + 인 것 같다 → 학생인 것 같다
	받침×		교사이다 : 교사 + 인 것 같다 → 교사인 것 같다

形容詞の中で '있다, 없다'を含む '재미있다, 맛있다, 멋있다'などは '-는 것 같다'をつけて '재미있는 것 같다, 맛있는 것 같다, 멋있는 것 같다'のように使われる。

(1) 가 : 밖에 비가 와요?
나 : 네, 비가 오는 것 같아요. 사람들이 우산을 쓰고 있어요.

(2) 가 : 영수 씨는 어디에 살아요?
나 : 학교 근처에 사는 것 같아요.

(3) 가 : 시노 씨 동생도 회사원이에요?
나 : 글쎄요. 아직 학생인 것 같아요.

(4) 가 : 미라 씨, 비빔밥 맛있어요?
나 : 네, 맛있어요. 그런데 좀 매운 것 같아요.

연습 1 〈보기〉와 같이 쓰세요.
例のように書いてみましょう。

〈보기〉 가다 ⇨ 가는 것 같아요

(1) 크다 ⇨ ....
(2) 먹다 ⇨ ....
(3) 맛있다 ⇨ ....
(4) 좋다 ⇨ ....
(5) 아프다 ⇨ ....
(6) 듣다 ⇨ ....
(7) 만들다 ⇨ ....
(8) 어렵다 ⇨ ....
(9) 한국 사람 ⇨ ....
(10) 가수 ⇨ ....

문법

연습 2 다음 그림을 보고 〈보기〉와 같이 .... 에 알맞은 말을 넣어 이야기한 후 쓰세요.

次の絵を見ながら、例のように .... に当てはまる言葉を入れて話してみましょう。

その後、下線部に書いてみましょう。

〈보기〉

가 : 카나 씨, 오늘 날씨가 어때요?

나 : 아주 좋은 것 같아요.

(1)

가 : 이 식당은 ....

나 : 그럼 우리도 불고기를 먹어 봐요.

(2)

가 : 켄토 씨는 어디에 있어요?

나 : 방에서 ....

(3)

가 : 소라 씨, 요즘 많이 ....

나 : 네. 어제도 늦게까지 일했어요.

(4)

가 : 저기 지은 씨가 있네요.

그런데 저 남자는 누구예요?

나 : ....

연습 3 한국이나 한국 사람에 대한 자신의 생각을 〈보기〉와 같이 친구와 이야기해 보세요.

韓国や韓国人に対する自分の考えを、例のように友だちと話してみましょう。

〈보기〉	가 : 한국은 여름에 비가 자주 오는 것 같아요. 나 : 네. 6월, 7월 사이에 많이 와요.

연습+

여러분은 커피숍에서 주문할 때 어떻게 이야기합니까? 〈보기〉의 대화를 보고 이야기해 보세요.
みなさんはコーヒーショップでどのように注文しますか。例の会話を見ながら話してみましょう。

〈보기〉

가	나	점원
녹차라테	녹차라테, 맛있다 녹차라테 2 보통 사이즈	어떤 사이즈로

점원 주문하시겠어요?

가 잠시만요. 미호 씨, 뭐 마실래요?

나 여기는 녹차라테가 맛있는 것 같아요. 저는 녹차라테로 할래요.

가 그래요? 그럼 저도 녹차라테를 마셔 볼래요.

나 여기 녹차라테 둘 주세요.

점원 어떤 사이즈로 드릴까요?

나 보통 사이즈로 주세요.

점원 만 이천 원입니다. 잠시만 기다리세요. 진동벨로 알려 드리겠습니다.

(1)

가	나	점원
바닐라라테	바닐라라테, 인기가 많다 바닐라라테 2 차가운 것으로	따뜻한 것으로

(2)

가	나	점원
카푸치노	카푸치노, 인기가 있다 카푸치노 2 일회용 컵에	머그잔에

새 단어

녹차라테 緑茶ラテ	바닐라라테 バニララテ	따뜻한 것 温かいもの
사이즈 サイズ	차가운 것 冷たいもの	카푸치노 カプチーノ

활동

들어 보세요.

1. 여러분은 식당에서 어떻게 주문합니까?
   みなさんは食堂でどのように注文しますか。

2. 다음은 식당에서 음식을 주문하는 대화입니다. 들어 보세요. WAV 8
   次の会話は食堂で料理を注文する時の会話です。聞いてみましょう。

✔ 다음 질문에 답하세요. 次の質問に答えてみましょう。

(1) 손님은 무엇을 주문했습니까? 모두 고르세요.

①

②

③

④

(2) 손님은 얼마나 주문했습니까?

새 단어

와인삼겹살 ワインサンギョプサル	음료수 飲み物
술 お酒	필요(가) 없다 要らない
-이나 -とか	시키다 注文する

이야기해 보세요.

1. 여러분은 식당에서 어떻게 주문합니까? 그리고 식사하면서 필요한 것을 어떻게 요청합니까?
   みなさんは食堂でどのように注文しますか。そして食事中必要なものをどのように要請しますか。

2. 다음 메뉴판을 보고 점원과 손님이 되어 이야기해 보세요.
   次のメニューを見て、店員と客さんになって話してみましょう。

새 단어

공기밥 ご飯茶碗のご飯

읽어 보세요.

1. 여러분은 커피숍에서 메뉴판을 본 적이 있습니까? 어떤 내용이 있었습니까?

   みなさんはコーヒーショップでメニューを見たことがありますか。どんな内容でしたか。

2. 다음은 커피숍의 메뉴판입니다. 읽어 보세요.

   次の絵はコーヒーショップのメニューです。読んでみましょう。

Coffee

음료	small	large
아메리카노	3,500원	4,000원
카페모카	5,000원	5,500원
카페라테	4,500원	5,000원
팥 빙 수	8,000원	12,000원
생과일주스		5,000원
녹 차		4,000원
핫초코		4,500원
베이글		2,500원

**차가운 음료도 가능합니다.

**음료를 머그잔에 드시면 500원 할인됩니다.

✔ 다음을 읽고 위의 내용과 같으면 ○, 다르면 ×에 표시하세요.

次の文を読んで内容と一致する場合は○、一致しない場合は×にチェックを入れてみましょう。

(1) 커피는 따뜻한 것만 있습니다. ○ ×

(2) 베이글은 매장에서 먹으면 할인이 됩니다. ○ ×

새 단어

카페모카 カフェモカ	베이글 ベーグル	할인되다 割り引く
생과일주스 フレッシュジュース	차가운 음료 冷たい飲み物	매장 売場
핫초코 ココア	가능하다 可能だ	

써 보세요.

1. 여러분은 커피숍에서 어떤 음료를 자주 마십니까?
   자주 마시는 음료의 종류나 크기를 간단하게 메모해 보세요.
   みなさんはコーヒーショップでどんな飲み物をよく飲みますか。よく飲む飲み物の種類やサイズを簡単にメモしてみましょう。

자주 마시는 음료	
사이즈	
자주 마시는 맛	

2. 여러분이 커피숍에서 자주 마시는 음료를 소개하는 글을 써 보세요.
   みなさんがコーヒーショップでよく飲む飲み物を紹介する文章を書いてみましょう。

발음 発音

次の単語をパッチムに注意して読んでみましょう。

한국에서 살아요.	신문을 읽어요.

単語の最後の音節にパッチムがある場合、このような単語が母音で始まる助詞や語尾と結びつくと連音になります。また、最後の音節に子音が二つ重なる二重パッチムの場合、このような単語が母音で始まる助詞や語尾と結びつくと、二つのうち後ろの子音が連音となります。したがって上の例を発音すると次のようになります。

한국에서 살아요. [한구게서 사라요]	신문을 읽어요. [신무늘 일거요]

読んでみましょう。 WAV 9

(1) 국이 맛있어요.

(2) 양말을 걷었어요.

(3) 무릎을 다쳐서 의자에 앉아만 있었어요.

自己評価				
1	食堂で希望するものを注文することができますか。	☺	😐	☹
	コーヒーショップで希望するものを注文することができますか。	☺	😐	☹

문화 文化

✔ 한국 음식의 상차림에 대해서 들어 본 적이 있습니까?

韓国料理の膳立てについて聞いたことがありますか。

韓国料理は量が多く盛りだくさんであることで有名です。ひとつの膳に様々な料理が上がるので、伝統的な韓国料理のお膳を準備する時は、ご飯やスープ、チゲ、おかずなどを置く位置や方法を知る必要があります。通常、ご飯と汁物は食べる人の正面にくるのですが、この時、汁物はご飯の右側に置かれます。さらに、韓国人はチゲとおかずを一緒に食べるのでチゲは膳の最も中心に置き、残りのおかずを周辺に置きます。おかずはキムチや焼き魚、ナムル、煮物などをよく食べます。

また、箸とスプーンは食べる人の右側に置かなければなりません。

✔ 여러분이 먹은 한식 상차림에는 어떤 반찬이 있었습니까?

みなさんが食べた韓国料理のお膳にはどんなおかずがありましたか。

Memo

제3과

동생은 눈이 크고 얼굴이 작아요.

目標	顔や体格を描写する表現を学び、人の外見を言い表すことができる。
語彙·表現	体格、顔
文法	-는/(으)ㄴ, -는/(으)ㄴ 편이다
発音	鼻音化1(パッチム[ㄱ], [ㄷ], [ㅂ]+/ㄴ/)
文化	身体に関する慣用表現

대화

1

WAV 10

켄 토	진아 씨, 무슨 드라마를 그렇게 열심히 봐요?
진 아	김수빈이 나오는 드라마예요.
켄 토	저기 키가 큰 사람이 김수빈이에요?
진 아	네, 맞아요. 연기도 잘하지만 참 잘생겼지요?
켄 토	그러네요. 진아 씨가 좋아하는 스타일이에요?
진 아	네. 제 이상형이 체격이 크고 다리가 긴 사람이에요. 그리고 저는 김수빈처럼 눈썹이 짙고 쌍꺼풀 없는 눈을 좋아해요.

새 단어

그렇게 そのように
나오다 出る
키가 크다 背が高い
연기 演技
참 本当に
스타일 タイプ、スタイル
이상형 理想
체격 体格
다리 足
길다 長い
눈썹 眉
짙다 濃い
쌍꺼풀 二重
그러네요. そうですね。
-처럼 -のように

2

WAV 11

진 아 에리카 씨, 이 사진에 있는 사람이 누구예요?

에리카 제 여동생이에요.

진 아 그래요? 그런데 에리카 씨하고 별로 안 닮았네요.

에리카 네. 동생은 아버지를 닮아서 눈이 크고 얼굴이 작아요.

진 아 그런데 동생도 에리카 씨처럼 키가 커요?

에리카 네. 둘 다 키가 크고 좀 마른 편이에요.

새 단어

여동생 妹
닮다 似ている
아버지 父
얼굴 顔
다 みんな
마르다 痩せている

STEP UP!

‘잘생기다(かっこいい)’ は形容詞、‘마르다(痩せている), 닮다(似ている)’は動詞として、現在の状態を表現する時、‘잘생겼다, 말랐다, 닮았다’のように過去形を使う。
また、‘-는/(으)ㄴ’と結合し、後ろにくる名詞を修飾する時には‘잘생긴, 마른, 닮은’の形をとる。‘-는/(으)ㄴ 편이다’と結合する時は、‘잘생긴 편이다, 마른 편이다, 닮은 편이다’の形となる。

어휘·표현

1. 체격

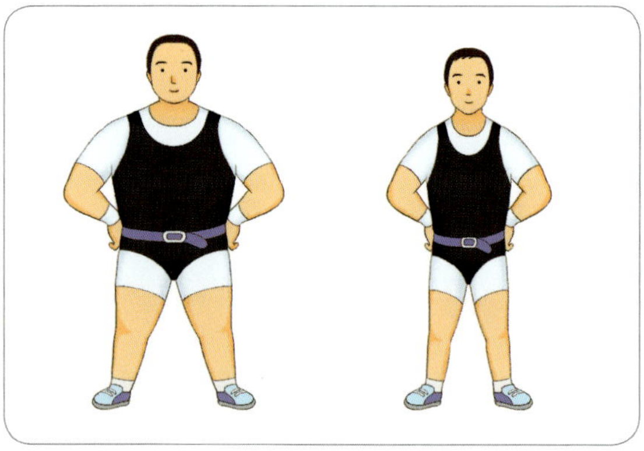

체격이 크다　　체격이 작다

키가 크다　　키가 작다

어깨가 넓다　　어깨가 좁다

다리가 길다　　다리가 짧다

• 체격 体格 •

체격이 크다/작다 体格が大きい/小さい	어깨가 넓다/좁다 肩幅が広い/狭い	날씬하다 すらりとしている
키가 크다/작다 背が高い/低い	다리가 길다/짧다 足が長い/短い	마르다 痩せている

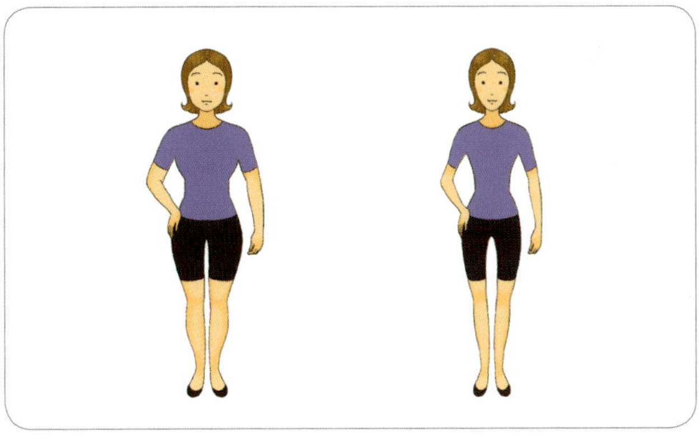

날씬하다　　　　마르다

연습 1 여러분 가족의 체격에 대해서 〈보기〉와 같이 친구와 이야기해 보세요.

みなさんの家族の体型はどうですか。例のように友だちと話してみましょう。

〈보기〉
가 : 동생은 체격이 커요?
나 : 아니요. 키가 작고 좀 말랐어요. 그리고 어깨가 좁아요.

어휘·표현

2. 얼굴

얼굴이 크다　얼굴이 작다

얼굴이 동그랗다

얼굴이 갸름하다

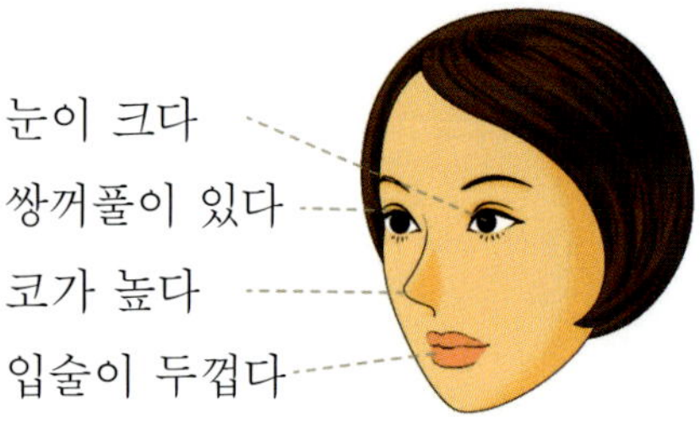

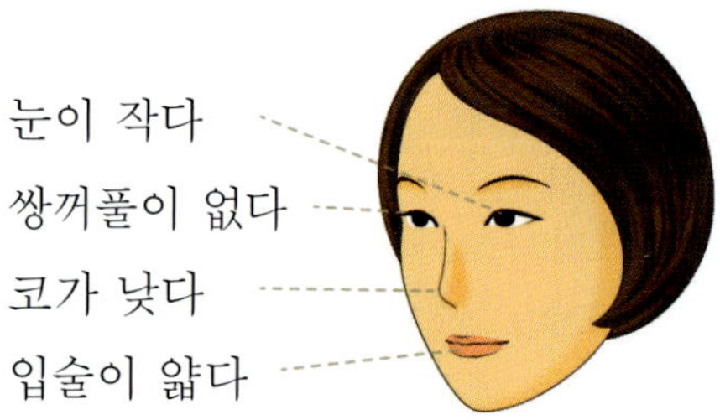

· 얼굴 顔 ·

얼굴이 크다/작다 顔が大きい/小さい

얼굴이 동그랗다 丸顔だ

얼굴이 갸름하다 顔が面長だ

눈이 크다/작다 目が大きい/小さい

쌍꺼풀이 있다/없다 二重がある/ない

코가 높다/낮다 鼻が高い/低い

입술이 두껍다/얇다 唇が厚い/薄い

연습 1 다음 그림을 보고 〈보기〉와 같이 이야기해 보세요.

次の絵を見ながら例のように話してみましょう。

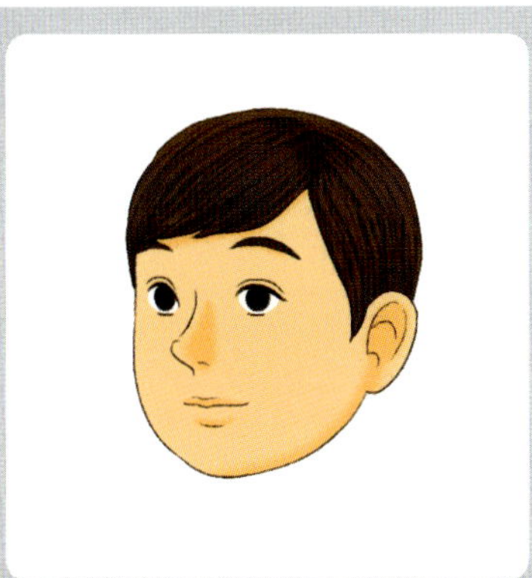

〈보기〉

가 : 어떻게 생겼어요?

나 : 얼굴이 동그래요. 그리고 눈이 크고, 쌍꺼풀도 있고 코가 아주 높아요.

(1)

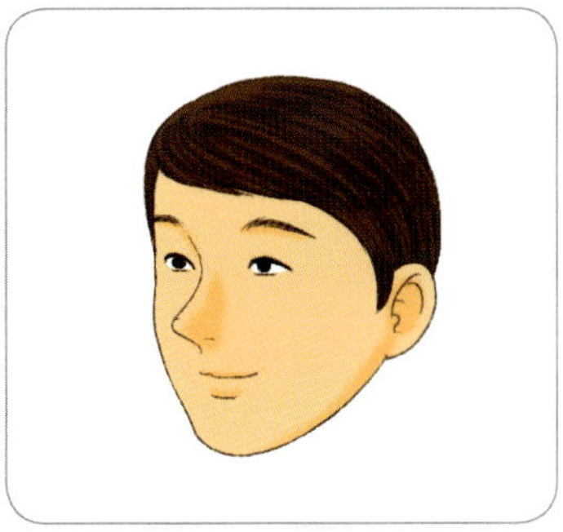

(2)

연습 2 여러분이 좋아하는 연예인은 어떻게 생겼어요? 친구와 이야기해 보세요.

みなさんの好きな芸能人の外見はどうですか。友だちと話してみましょう。

새 단어

어떻게 생겼어요? 外見はどうですか。

STEP UP!

'동그랗다(丸い)' のように 'ㅎ' パッチムを持つ形容詞('좋다' は除外)は、後ろに母音で始まる語尾がつくとき、その語尾が '-아/어/여-' で始まる場合は 'ㅎ' が 'ㅣ' に化して活用する。また、その語尾が '-아/어/여-' 以外の母音で始まる場合は 'ㅎ' が脱落する。(동그래요, 동그란, 동그랗고)

문법

1. -는/(으)ㄴ

'-는/(으)ㄴ'は動詞と形容詞の語幹、'名詞+이다'の'名詞+이'について、後ろにくる名詞を修飾し、現在の動作や状態を表す。

動詞の語幹の最後の音節	ㄹ以外の 받침 ○	-는	먹다 : 먹 + 는 → 먹는
	ㄹ받침		살다 : 살 + 는 → 사는
	받침 ×		가다 : 가 + 는 → 가는
形容詞の語幹の最後の音節	ㄹ以外の 받침 ○	-은	작다 : 작 + 은 → 작은
	ㄹ받침	-ㄴ	길다 : 길 + ㄴ → 긴
	받침 ×		크다 : 크 + ㄴ → 큰
'名詞+이다' の名詞の最後の音節	받침○	-인	학생이다 : 학생 + 인 → 학생인
	받침×		의사이다 : 의사 + 인 → 의사인

形容詞の中で '있다, 없다'を含む '재미있다, 맛있다, 멋있다'などは '-는'をつけて '재미있는, 맛있는, 멋있는'のように使われる。

(1) 가 : 누가 재영 씨 언니예요?
나 : 저기 키가 작은 사람이 우리 언니예요.

(2) 가 : 우리 맛있는 거 먹으러 가요.
나 : 네. 좋아요. 특별히 좋아하는 음식이 있어요?

(3) 가 : 우리 이번에 어디로 여행을 갈까요?
나 : 먼 곳 말고 가까운 곳으로 가는 게 어때요?

(4) 가 : 성희 씨, 지금 사는 집은 어때요?
나 : 방도 넓고 교통도 편리해서 좋아요.

새 단어

언니 お姉さん(女性から見た年上の女兄弟)
특별히 特別に
멀다 遠い
곳 所
말고 ーでなくて
가깝다 近い
교통이 편리하다 交通の便が良い

연습 1 〈보기〉와 같이 쓰세요.

例のように書いてみましょう。

〈보기〉 예쁘다 ⇨ 예쁜 사람

(1)	읽다	⇨	.... 책		(2)	아프다	⇨	.... 사람
(3)	춥다	⇨	.... 날씨		(4)	길다	⇨	.... 머리
(5)	따뜻하다	⇨	.... 옷		(6)	좋다	⇨	.... 것
(7)	듣다	⇨	.... 음악		(8)	재미있다	⇨	.... 영화
(9)	알다	⇨	.... 사람		(10)	회사원이다	⇨	.... 친구

문법

연습 2 〈보기〉와 같이 ______ 에 알맞은 말을 넣어 이야기한 후 쓰세요.

例のように ______ に当てはまる言葉を入れて話してみましょう。その後、下線部に書いてみましょう。

〈보기〉
가 : 한국 음식 중에 어떤 음식을 제일 좋아해요?
나 : 제가 제일 좋아하는 음식은 불고기예요.

(1) 가 : 혹시 여기 명동에 ______ 버스 있어요?
나 : 네. 137번 버스가 명동까지 가요.

(2) 가 : 지금 소정 씨가 ______ 차가 뭐예요?
나 : 이거 유자차예요. 마나미 씨도 한번 마셔 볼래요?

(3) 가 : 코지 씨는 어떤 사람을 만나고 싶어요?
나 : 제가 운동을 좋아해서 운동을 ______ 사람을 만나고 싶어요.

(4) 가 : 전주는 뭐가 유명해요?
나 : 전주는 비빔밥으로 ______ 곳이에요.

(5) 가 : 어떻게 오셨습니까?
나 : 여기에서 이 옷을 샀는데 좀 작아요.
그래서 좀 ______ 것으로 바꾸고 싶어요.

(6) 가 : 어떤 사람이 이상형이에요?
나 : ______.

새 단어

유자차 柚子茶 바꾸다 変える

연습 3 다음의 질문에 대해서 친구와 이야기해 보세요.

次の質問について友だちと話してみましょう。

	나	친구
어떤 사람을 좋아해요? / 싫어해요?		
어떤 영화를 좋아해요? / 싫어해요?		
어떤 날씨를 좋아해요? / 싫어해요?		
뭐 하는 것을 좋아해요? / 싫어해요?		
어떤 곳에서 살고 싶어요?		

문법

2. -는/(으)ㄴ 편이다

'-는/(으)ㄴ 편이다'は動詞、形容詞の語幹について、主語がその動作をする傾向があることを表したり、その状態に属していることを表す。

動詞の語幹の最後の音節	ㄹ以外の받침 ○	-는 편이다	먹다 : 먹 + 는 → 먹는 편이다
	ㄹ받침		만들다 : 만들 + 는 → 만드는 편이다
	받침×		가다 : 가 + 는 → 가는 편이다
形容詞の語幹の最後の音節	ㄹ以外の받침 ○	-은 편이다	작다 : 작 + 은 → 작은 편이다
	ㄹ받침○	-ㄴ 편이다	길다 : 길 + ㄴ → 긴 편이다
	받침×		크다 : 크 + ㄴ → 큰 편이다

形容詞の中で '있다, 없다'を含む '재미있다, 맛있다, 멋있다'などは'-는 편이다'と合わさって'재미있는 편이다, 맛있는 편이다, 멋있는 편이다'のように使われる。

(1) 가 : 수지 씨 동생도 체격이 커요?
나 : 아니요. 저는 체격이 큰 편이지만 제 동생은 체격이 작은 편이에요.

(2) 가 : 하나키 씨는 일찍 자는 편이에요?
나 : 네. 저는 일찍 자고 일찍 일어나는 편이에요.

(3) 가 : 현수 씨가 먹는 비빔밥도 매워요?
나 : 네. 이 식당 음식은 좀 매운 편이네요.

(4) 가 : 유스케 씨는 어릴 때도 운동을 잘했어요?
나 : 아니요. 어릴 때는 운동을 잘 못하는 편이었어요.

연습 1 〈보기〉와 같이 쓰세요.

例のように書いてみましょう。

〈보기〉 크다 ⇨ 큰 편이에요

(1) 작다 ⇨ ....

(2) 먹다 ⇨ ....

(3) 잘하다 ⇨ ....

(4) 어렵다 ⇨ ....

(5) 만들다 ⇨ ....

(6) 재미있다 ⇨ ....

연습 2 〈보기〉와 같이 ………… 에 알맞은 말을 넣어 이야기한 후 쓰세요.
例のように ………… に当てはまる言葉を入れて話してみましょう。その後、下線部に書いてみましょう。

〈보기〉
가 : 남자 친구는 체격이 커요?
나 : 아니요, 체격이 작은 편이에요.

(1) 가 : 밖에 날씨가 어때요?
나 : 오늘은 …………. 따뜻한 옷을 입고 나가세요.

(2) 가 : 누구하고 전화했어요?
나 : 엄마요. 엄마가 걱정을 많이 해서 자주 ………….

(3) 가 : 히카리 씨는 한국어를 참 잘하지요?
나 : 네. 삼 개월 공부했지만 한국어를 ………….

(4) 가 : 영화는 재미있었어요?
나 : 저는 공포 영화를 별로 안 좋아하지만 그 영화는 ………….

(5) 가 : 켄토 씨는 외국어 배우는 것을 좋아하는 것 같아요.
나 : 네, 중학교 때에도 영어를 ………….

(6) 가 : 집이 학교에서 가까워요?
나 : 아니요. …………. 지하철로 40분쯤 걸려요.

새 단어

나가다 出かける
공포 영화 ホラー映画
-개월 -ヶ月

연습 3 여러분의 생활 습관에 대해서 〈보기〉와 같이 친구와 이야기해 보세요.

みなさんの生活習慣について、例のように友だちと話してみましょう。

〈보기〉

가 : 어떤 음식을 즐겨 먹어요?

나 : 저는 국수를 좋아하는 편이에요.
그래서 일주일에 한 번은 꼭 먹으러 가요.

	나	친구
가족은 체격이 어때요?		
어떤 음식을 즐겨 먹어요?		
어떤 옷을 즐겨 입어요?		
어떤 운동을 즐겨 해요?		
일찍 일어나요?		

새 단어

즐겨 하다 好んでする

연습+

練習+

여러분은 가족 중에서 누구를 닮았습니까? 〈보기〉의 대화를 보고 이야기해 보세요.
みなさんは家族の中で誰に似ていますか。例の会話を見て話してみましょう。

〈보기〉

가	나
키가 크다 키가 작다, 코가 높다	좀 크다, 동생은 키가 안 크다 쌍꺼풀이 있다, 눈이 크다

가 유타 씨 가족들도 모두 키가 커요?

나 아니요. 저는 아버지를 닮아서 좀 큰 편이지만 동생은 키가 안 커요.

가 유타 씨는 얼굴도 아버지를 닮았어요?

나 네. 아버지도 쌍꺼풀이 있고, 눈이 큰 편이에요.
혜진 씨는 누구를 닮았어요?

가 저는 어머니를 닮았어요. 우리 어머니도 키가 작은 편이고 코가 높아요.

(1)

가	나
키가 크다 날씬하다, 눈이 크다	키가 크다, 형은 키가 안 크다 얼굴이 동그랗다, 코가 높다

(2)

가	나
체격이 크다 체격이 작다, 눈이 작다	체격이 좀 크다, 누나는 체격이 좀 작다 눈이 크다, 눈썹이 짙다

새 단어

형 兄(男性から見た年上の男兄弟)　　누나 姉(男性から見た年上の女兄弟)

활동 活動

들어 보세요.

1. 여러분은 다른 사람의 외모를 어떻게 설명합니까?
   みなさんは人の外見をどのように説明しますか。

2. 다음은 회사 동료 사이의 대화입니다. 들어 보세요. WAV 12
   次の会話は会社の同僚の会話です。聞いてみましょう。

다음을 읽고 들은 내용과 같으면 ○, 다르면 ×에 표시하세요.
次の文を読んで、内容と一致する場合は○、一致しない場合は×にチェックを入れてみましょう。

(1) 여자는 체격이 큰 편이에요. ○ ×

(2) 여자가 좋아하는 영화배우는 눈이 커요. ○ ×

(3) 여자는 어깨가 넓은 사람을 만나고 싶어 해요. ○ ×

새 단어

소개해 주다 紹介してあげる　얼굴이 달걀형이다 顔が面長だ(卵型だ)　찾아보다 探してみる

이야기해 보세요.

1. 여러분의 가족은 어떻게 생겼습니까? 또 체격은 어떻습니까?
여러분은 가족 중에서 누구를 닮았습니까? 간단하게 메모해 보세요.
みなさんの家族の外見はどうですか。また、体格はどうですか。みなさんは家族の中で誰に似ていますか。
簡単にメモしてみましょう。

가족	얼굴	체격

2. 위의 내용을 바탕으로 여러분의 가족의 외모에 대해서 친구와 이야기해 보세요.
上記の内容をもとにみなさんの家族の外見について友だちと話してみましょう。

읽어 보세요.

1. 여러분이 좋아하는 연예인에 대한 기사를 읽어 본 적이 있습니까? 어떤 내용이 있었습니까?
   みなさんは好きな芸能人に関する記事を読んだことがありますか。どのような内容でしたか。

2. 다음은 잡지 기사의 일부입니다. 읽어 보세요.
   次の文章は雑誌の記事の一部です。読んでみましょう。

'국민 여동생'에서 여인으로…

최근 시청자들의 가장 큰 관심을 받고 있는 배우 장서연.

배우 장서연은 인기 드라마 '첫사랑'에서 학교 선배를 짝사랑하는 귀여운 여대생 역할로 '국민 여동생'이 되었습니다.
올해 26살이 되는 장서연은 다음 주에 시작하는 드라마 '여배우'에서 섹시한 영화배우 역할을 연기했습니다.
날씬한 몸매와 작은 얼굴, 크지 않은 눈과 입. 동양적인 외모가 매력인 장서연은 이제 '국민 여동생'이 아니라 '국민 여배우' 가 될 것으로 기대됩니다.

활동

✔ 다음 질문에 답하세요. 次の質問に答えてみましょう。

(1) 다음 중 배우 장서연은 누구입니까?

①

②

(2) 이번 드라마에서 장서연은 어떤 역할을 합니까?

새 단어

국민 国民	첫사랑 初恋	연기하다 演技する	매력적이다 魅力的だ
여인 女性	짝사랑하다 片想いをする	몸매 体付き	기대되다 期待される
최근 最近	역할 役	크지 않다 大きくない	
시청자 視聴者	섹시하다 セクシーだ	동양적이다 東洋的だ	

써 보세요.

1. 여러분이 좋아하는 연예인의 외모를 어떻게 설명하겠습니까? 간단하게 메모해 보세요.
みなさんは好きな芸能人の外見をどのように説明しますか。簡単にメモしてみましょう。

얼굴	체격	기타

2. 위의 내용을 바탕으로 좋아하는 연예인을 소개하는 글을 써 보세요.
上記の内容をもとに芸能人を紹介する文章を書いてみましょう。

발음

発音

次の文をパッチム /ㄱ/, /ㄷ/, /ㅂ/に注意して読んでみましょう。

점심을 먹는 사람	음악을 듣는 사람	가방이 없는 사람

韓国語ではパッチム /ㄱ, ㅋ/, /ㄷ, ㅅ, ㅈ, ㅊ, ㅌ, ㅎ/, /ㅂ, ㅍ/の後ろに鼻音の/ㄴ/が結合すると、それぞれ鼻音の[ㅇ], [ㄴ], [ㅁ]として発音される。
したがって上の例文を発音すると次のようになります。

점심을 먹는 사람 [멍는]	음악을 듣는 사람 [든는]	가방이 없는 사람 [엄는]

読んでみましょう。 WAV 13

(1) 작년 - 옛날 - 십 년

(2) 신문을 읽는 사람들이 별로 없습니다.

(3) 10분 후에 영화가 끝날 거예요.

自己評価				
1	人の顔や体格を説明することができますか。	☺	😐	☹
	家族や知り合い外見を描写することができますか。	☺	😐	☹

문화

文化

✔ '손이 크다'는 무슨 뜻일까요? 언제 사용하는 표현일까요?

'손이 크다'とはどのような意味でしょうか。どのような時に使用する表現でしょうか。

韓国語には外見である人の性格や同じ特徴を説明する表現があります。
'손이 크다, 눈이 높다, 귀가 얇다, 발이 넓다'といった表現がそういったものです。'손이 크다(直訳:手が大きい)'は金遣いが荒らく、ルーズな対して使用する表現で、特に食べ物を必要以上に多量に用意したような場合に使います。
また'눈이 높다(直訳:目が高い)'は、良いものばかりを過剰に好む人に使う表現で、特に異性を選択する際の条件が多い場合に使います。
'귀가 얇다(直訳:耳が薄い)'は、他人の意見をすぐ受け入れる人に使う表現で、特に何かを購入する時、周りの人の話により、簡単に自分の意思を変えてしまう場合に使います。最後に'발이 넓다(直訳:足が広い)'は知り合いが多く、活動範囲が広い人に使う表現です。

✔ 위의 표현을 사용해서 자신이 알고 있는 사람들에 대해서 이야기해 보세요.

上で紹介した表現を使用して、みなさんの知り合いについて話してみましょう。

제4과

원피스 좀 보여 주세요.

目標	服の種類に関する語彙、着脱に関する語彙、ショッピング関連の表現を学び、服装について説明したり、購入したりすることができる。
語彙・表現	服の種類, 着脱表現
文法	-는데/(으)ㄴ데, -(으)ㄹ 것 같다
発音	パッチム/ㄺ/
文化	服の洗濯方法に関する表現

대화

1

WAV 14

켄 토 이번 주말에 소개팅이 있는데 뭘 입는 게 좋을까요?

진 아 글쎄요. 소개팅이니까 정장보다 캐주얼이 좋을 것 같아요.

켄 토 캐주얼이요? 저는 정장만 입어서 청바지, 티셔츠는 별로 없는데…….

진 아 이번 기회에 한 벌 사는 게 어때요?
켄토 씨는 캐주얼도 잘 어울릴 것 같아요.

켄 토 그럼 진아 씨가 좀 골라 줄래요?

진 아 좋아요. 이따가 같이 가요.

새 단어

소개팅 1対1の合コン	티셔츠 Tシャツ	골라 주다 選んでくれる
정장 スーツ	기회 機会	이따가 後で
캐주얼 カジュアル	-벌 -着	
청바지 ジーンズ	어울리다 似合う	

2

WAV 15

점 원 어서 오세요. 뭘 찾으세요?

에리카 원피스 좀 보여 주세요.

점 원 그럼 이쪽으로 오세요. 올해는 이렇게 짧은 원피스들이 많이 나왔어요.

에리카 이건 나한테 너무 짧을 것 같은데요.

점 원 조금 짧지만 다리가 길어 보여서 인기예요. 한번 입어 보세요.

〈잠시 후〉

점 원 잘 어울리시네요. 마음에 드세요?

에리카 네. 생각보다 괜찮네요. 이걸로 주세요.

새 단어

원피스 ワンピース

짧다 短い

길어 보이다 長く見える

뭘 찾으세요? 何をお探しですか。

STEP UP!

'길어 보이다'は'길다'の'길+ -아/어/여 보이다'の形で、'-아/어/여 보이다'は形容詞の語幹に
ついて、ある状態に見えることを表す。

어휘·표현

1. 옷 종류

정장

원피스

치마

청바지

면바지

반바지

재킷

점퍼

코트

블라우스

티셔츠

남방

카디건

스웨터

조끼

· 옷 종류 服の種類 ·

정장 スーツ
원피스 ワンピース
치마 スカート
청바지 ジーンズ
면바지 綿パンツ
반바지 短パン
재킷 ジャケット
점퍼 ジャンパー
코트 コート
블라우스 ブラウス
티셔츠 Tシャツ
남방 シャツ
카디건 カーディガン
스웨터 セーター
조끼 ベスト

연습 1 다음 그림을 보고 〈보기〉와 같이 이야기해 보세요.

次の絵を見ながら例のように話してみましょう。

〈보기1〉

가 : 뭘 입었어요?

나 : 면바지에 남방을 입었어요.

〈보기2〉

가 : 뭘 입고 있어요?

나 : 면바지에 남방을 입고 있어요.

(1)

(2)

(3)

(4)

연습 2 여러분은 지금 뭘 입었어요? 뭘 자주 입어요? 그리고 어떤 옷을 사고 싶어요? 친구와 이야기해 보세요.

みなさんは今、何を着ていますか？ 何をよく着ますか？ また、どんな服を買いたいですか。友だちと話してみてください。

어휘 · 표현

2. 탈착 표현

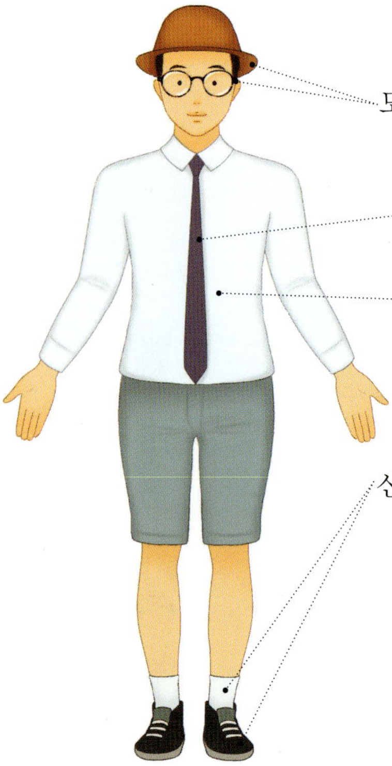

· 탈착 표현 着脱表現 ·

모자를 쓰다/벗다 帽子を被る/脱ぐ	신발을 신다/벗다 靴をはく/脱ぐ	시계를 차다/풀다 時計をする/外す
안경을 쓰다/벗다 眼鏡をかける/取る	양말을 신다/벗다 靴下をはく/脱ぐ	반지를 끼다/빼다 指輪をはめる/外す
넥타이를 매다/풀다 ネクタイを締める/解く	귀걸이를 하다/빼다 イヤリングをする/外す	스카프를 하다/풀다 スカーフをする/外す
옷을 입다/벗다 服を着る/脱ぐ	목걸이를 하다/풀다 ネックレスをする/外す	목도리를 하다/풀다 マフラーをする/外す

연습 1　다음은 기숙사의 모습입니다. 사람들이 무엇을 입고, 어떤 액세서리를 하고 있어요? 〈보기〉와 같이 친구와 이야기해 보세요.

次の絵は寄宿舎の様子です。人々は何を着て、どんなアクセサリーをしていますか。例のように友だちと話してみましょう。

〈보기〉　켄타로 씨는 지금 면바지와 스웨터를 입고 있어요. 그리고 모자를……

연습 2　여러분은 어떤 액세서리를 자주 해요? 친구와 이야기해 보세요.

みなさんはどんなアクセサリーをよくしますか。友だちと話してみましょう。

문법

1. -는데/(으)ㄴ데

'-는데/(으)ㄴ데'は動詞と形容詞の語幹、'名詞+이다'の'名詞+이'について、後ろにくる文の内容と関連のある状況や背景を事前に提示する時に使われ、後ろには主に、説明、提案、命令、質問などの内容がくる。

動詞の語幹の最後の音節	ㄹ以外の받침 ○	-는데	먹다 : 먹 + 는데 → 먹는데
	ㄹ받침		살다 : 살 + 는데 → 사는데
	받침×		가다 : 가 + 는데 → 가는데
形容詞の語幹の最後の音節	ㄹ以外の받침 ○	-은데	작다 : 작 + 은데 → 작은데
	ㄹ받침	-ㄴ데	길다 : 길 + ㄴ데 → 긴데
	받침×		크다 : 크 + ㄴ데 → 큰데
'名詞+이다'の名詞の最後の音節	받침○	-인데	학생이다 : 학생 + 인데 → 학생인데
	받침×		의사이다 : 의사 + 인데 → 의사인데

形容詞の中で '있다, 없다'を含む '재미있다, 맛있다, 멋있다'などは '-는데'と合わさって '재미있는데, 맛있는데, 멋있는데'のように使われる。

(1) 가 : 모레 면접이 있는데 정장을 아직 못 샀어요.
나 : 그래요? 그럼 같이 백화점에 가 볼래요?

(2) 가 : 오늘 날씨도 좋은데 오랜만에 드라이브 할까요?
나 : 네. 좋아요. 춘천에 가는 게 어때요?

(3) 가 : 편의점에 가는데 뭐 필요한 거 없어요?
나 : 집에 우유가 없는데 좀 사다 주세요.

(4) 가 : 제가 어제 명동에 갔는데 거기서 수미 씨를 만났어요.
나 : 그래요? 저도 수미 씨 보고 싶은데 다음에 같이 한번 봐요.

새 단어

면접 面接
오랜만에 久しぶりに
드라이브를 하다 ドライブをする
춘천 春川(地名)
사다 주다 買ってくれる

文法

연습 1 〈보기〉와 같이 쓰세요.

例のように書いてみましょう。

〈보기〉 가다 ⇨ 가는데

(1) 보다 ⇨ ....

(2) 작다 ⇨ ....

(3) 살다 ⇨ ....

(4) 멀다 ⇨ ....

(5) 듣다 ⇨ ....

(6) 맵다 ⇨ ....

(7) 맛있다 ⇨ ....

(8) 재미없다 ⇨ ....

(9) 선생님이다 ⇨ ....

(10) 오후이다 ⇨ ....

연습 2 다음 ______ 에 알맞은 말을 〈보기〉에서 골라 이야기한 후 쓰세요.

次の ______ に当てはまる言葉を、例の中から選んで話してみましょう。その後、下線部に書いてみましょう。

〈보기〉	내일부터 연휴이다	슈퍼마켓에 가다
	퇴근 시간이 지나다	음식을 너무 많이 만들다
	영화표가 두 장 있다	경치도 좋다

(1) 가 : ______ 영화 보러 같이 갈래요?
나 : 네, 좋아요. 그런데 무슨 영화예요?

(2) 가 : ______ 특별한 계획 없어요?
나 : 내일 강원도로 캠핑을 갈 거예요.

(3) 가 : 와, 산꼭대기에 올라오니까 서울이 다 보이네요.
나 : ______ 사진 한 장 찍을까요?

(4) 가 : ______ 뭐 필요한 거 없어요?
나 : 지금은 없어요.

(5) 가 : ______ 아직 집에 안 갔어요?
나 : 일이 좀 많아서요. 먼저 퇴근하세요.

(6) 가 : ______ 좀 가지고 가실래요?
나 : 네. 고마워요. 잘 먹겠습니다.

새 단어

연휴 連休
퇴근 시간 退社時間
지나다 過ぎる
경치가 좋다 景色が良い
특별하다 特別だ
캠핑 キャンプ
산꼭대기 山頂

연습 3 궁금한 것이나 같이 하고 싶은 것을 〈보기〉와 같이 친구에게 물어보세요.

気になることや友だちと一緒にやりたいことを例のように友だちに聞いてみましょう。

〈보기〉
가 : 미나코 씨, 옷이 참 예쁜데 어디에서 샀어요?
나 : 동대문 시장에서 샀어요.

	질문
(○○ 씨의) 옷이 참 예뻐요.	어디에서 샀어요?
(○○ 씨는) 한국어를 잘해요.	
(○○ 씨의) 고향에 여행을 가고 싶어요.	
이제 방학이에요. / 휴가예요.	

문법

2. -(으)ㄹ 것 같다

'-(으)ㄹ 것 같다'は動詞と形容詞の語幹、'名詞+이다'の'名詞+이'について、根拠が弱い推測を表したり、自分の意見を遠回しに表現する時に使われる。

動詞・形容詞の語幹の最後の音節	ㄹ以外の받침○	-을 것 같다	먹다 : 먹+을 것 같다 → 먹을 것 같다
	ㄹ받침	-ㄹ 것 같다	살다 : 살 + ㄹ 것 같다 → 살 것 같다
	받침 ×		예쁘다 : 예쁘 + ㄹ 것 같다 → 예쁠 것 같다
'名詞+이다'の名詞の最後の音節	받침○	-일 것 같다	학생이다 : 학생 + 일 것 같다 → 학생일 것 같다
	받침×		교사이다 : 교사 + 일 것 같다 → 교사일 것 같다

(1) 가 : 이 목걸이는 어떠세요?
나 : 글쎄요. 저한테 잘 안 어울릴 것 같아요.

(2) 가 : 이거 맛있을까요?
나 : 네, 맛있을 것 같아요. 우리 그거 먹어요.

(3) 가 : 이번 시험은 어려울 것 같아요. 자신이 없네요.
나 : 저는 미키 씨가 시험을 잘 볼 수 있을 것 같은데요. 힘내세요.

(4) 가 : 유라 씨가 케이크를 샀을까요?
나 : 아니요, 안 샀을 것 같아요. 한번 전화해 보세요.

새 단어

맛있을까요? おいしいでしょうか。
자신이 없다 自信がない
시험을 잘 보다 試験でうまくいく
힘내다 頑張る

STEP UP!

'맛있을까요'は'맛있다'の'맛있+'-(으)ㄹ까요'の形で、'-(으)ㄹ까요'は動詞、形容詞の語幹、'名詞+이다'の'名詞+이'について、まだ起っていないことや、よくわからないことに対して、話し手が推測して質問する時に使われる。また過去の事実について推測して質問する時は、'-았을까요/었을까요/였을까요'を使う。

연습 1 〈보기〉와 같이 쓰세요.

例のように書いてみましょう。

〈보기〉 가다 ⇨ 갈 것 같아요

(1) 먹다 ⇨ ....

(2) 보다 ⇨ ....

(3) 듣다 ⇨ ....

(4) 살다 ⇨ ....

(5) 맵다 ⇨ ....

(6) 공무원이다 ⇨ ....

문법

연습 2 〈보기〉와 같이 ______ 에 알맞은 말을 넣어 이야기한 후 쓰세요.

例のように ______ に当てはまる言葉を選んで話してみましょう。その後、下線部に書いてみましょう。

〈보기〉 가 : 저 영화 재미있을 것 같아요. 저거 볼래요?
나 : 네, 좋아요.

(1) 가 : 이 가게에 한번 들어가 봐요.
나 : 여기는 가격이 좀 ______. 다른 데로 가요.

(2) 가 : 아이들이 이 음식을 좋아할까요?
나 : 네, 달고 안 매워서 아이들도 잘 ______.

(3) 가 : 호민 씨한테 전화해 보세요.
나 : 지금 프랑스는 ______. 조금 이따가 해 봐요.

(4) 가 : 하나 씨는 지금 도착했을까요?
나 : 글쎄요. 한 시간 전에 출발했으니까 ______.

(5) 가 : 태성 씨가 이 선물을 마음에 들어 할까요?
나 : 전부터 갖고 싶어했으니까 ______.

(6) 가 : 지원 씨가 오늘은 모임에 나올까요?
나 : 여행에서 돌아왔으니까 오늘은 ______.

새 단어

마음에 들어하다 気に入る

연습 3 다음의 질문에 대해서 친구와 이야기해 보세요.

次の質問について友だちと話してみましょう。

질문	
저에게 어떤 옷이 어울릴까요?	
내일 날씨는 어떨까요?	
10년 후 여러분은 뭘 하고 있을까요?	
어릴 때 친구는 어땠을까요?	

연습+

여러분은 옷 가게에서 옷을 고를 때 무슨 이야기를 합니까? 〈보기〉의 대화를 보고 이야기해 보세요.
みなさんは服屋で服を選ぶ時、どんな話をしますか。例の会話を見て話してみましょう。

〈보기〉

가	나
다리가 길어 보일 것이다	청바지 사이즈가 작다, 크다 마음에 들다

가 어서 오세요. 뭘 찾으세요?

나 청바지 좀 보여 주세요.

가 그럼 이건 어떠세요? 다리가 길어 보일 거예요.

나 그건 사이즈가 좀 작을 것 같은데 큰 건 없어요?

가 그럼 다른 걸로 입어 보세요.

〈잠시 후〉

가 어떠세요?

나 마음에 드네요. 이걸로 주세요.

(1)

가	나
요즘 유행하는 스타일이다	반바지 너무 짧다, 조금 길다 이건 괜찮다

(2)

가	나
요즘 잘 나가다	스웨터 색이 밝아서 뚱뚱해 보이다, 색이 조금 어둡다 날씬해 보이다

새 단어

유행하다 流行する
잘 나가다 よく売れる
어둡다 暗い
색이 밝다 色が明るい
뚱뚱하다 太っている

활동

들어 보세요.

1. 여러분은 옷을 자주 삽니까? 옷을 살 때 어떤 이야기를 합니까?
   みなさんは服をよく買いますか。服を買う時、どんな話をしますか。

2. 다음은 옷 가게에서의 대화입니다. 잘 들어 보세요.
   次の会話は服屋での会話です。よく聞いてみましょう。

WAV 16

✔ 다음을 읽고 들은 내용과 같으면 ○, 다르면 ×에 표시하세요.
次の文を読んで、内容と一致する場合は○、一致しない場合は×にチェックを入れてみましょう。

(1) 남자는 밝은 색 면바지를 샀습니다. ○ ×

(2) 남자는 맞는 사이즈가 없어서 남방을 안 샀습니다. ○ ×

새 단어

사이즈가 잘 맞다 サイズがちょうど合う	디자인 デザイン	이걸로 할게요. これにします。
필요하다 必要だ	사려고 하는데요. 買おうと思うんですが。	

이야기해 보세요.

1. 여러분은 요즘 무슨 옷을 사고 싶습니까?
みなさんは最近どのような服を買いたいですか。

색	
사이즈	
디자인	
가격	

2. 옷 가게에서 손님과 점원이 되어 옷을 사고 팔아 보세요.
服屋の客と店員になって服を買ったり売ったりしてみましょう。

활동

읽어 보세요.

1. 여러분이 좋아하는 연예인들은 어떤 옷을 즐겨 입습니까?
   みなさんの好きな芸能人はどんな服をよく着ていますか。

2. 다음은 연예인에 대한 신문 기사입니다. 읽어 보세요.
   次の文章は芸能人に関する新聞記事です。読んでみましょう。

인기 그룹 YJS 공항패션

인기 그룹 YJS는 지난 10일 일본 콘서트를 마치고 인천국제공항에 입국했습니다.
추운 날씨였지만 3명 모두 밝은 얼굴로 취재진에게 인사를 했습니다.
리더인 유빈은 검정색 점퍼에 청바지를 입고 운동화를 신어서 편안한 차림을 했습니다. 특히 하얀색 털모자를 썼는데 이 모자는 올 겨울 스키장 차림으로 유행이 될 것 같습니다. 준서는 넥타이를 매고 정장을 입어서 무대에서 노래하는 모습과 비슷한 차림을 했는데 그 위에 검정색 긴 코트를 입어서 큰 키를 더욱 강조했습니다.
한편 그룹 막내인 서준은 유빈과 비슷한 캐주얼한 차림을 했는데 검정색 점퍼에 흰 티셔츠를 입고 모자 대신 선글라스를 써서 눈길을 끌었습니다.

✔ 아래의 그림을 보고 각 인물의 이름을 찾아 쓰세요.

下の絵を見て、それぞれ人物の名前を探して書きましょう。

(1)

(　　　　　　　　　)

(2)

(　　　　　　　　　)

(3)

(　　　　　　　　　)

새 단어

마치다 終える
입국하다 入国する
리더 リーダ
검정색 黒い色
편안하다 楽だ
차림을 하다 服装をする
하얀색 白い色
털모자 毛糸の帽子
올 今年の(＋名詞)
무대 ステージ
더욱 一層
강조하다 強調する
한편 一方
막내 末子
캐주얼하다 カジュアルだ
대신 代わりに
선글라스 サングラス
눈길을 끌다 人目を引く

써 보세요.

1. 여러분은 어떤 옷을 자주 입습니까? 어떤 액세서리를 자주 합니까?
   みなさんはどんな服をよく着ますか。どんなアクセサリーをよくしますか。

2. 여러분이 자주 입는 옷과 자주 하는 액세서리에 대한 글을 써 보세요.
   みなさんがよく着る服やよくするアクセサリーに関する文章を書いてみましょう。

발음

発音

✔ 次の言葉をパッチム/ㄺ/の発音に注意して読んでみましょう。

읽어요	읽다	읽고

韓国語のパッチムの中には二つの子音が重なった形の二重パッチムが11個あります。二重パッチムの後ろに母音がくれば自然に連音となり発音されますが、後ろに子音が来る場合には特別な規則があります。その中からパッチム/ㄺ/の発音規則について説明したいと思います。
まず、/ㄺ/の後ろに子音がくる場合は/ㄱ/と発音されます。ただし/ㄺ/は動詞や形容詞の単語、名詞の単語すべてに現れますが、/ㄺ/の使われている動詞や形容詞を活用する時、後ろに'-고', '-게'のように/ㄱ/で始まる語尾がくると、/ㄹ/と発音されます。

읽어요 [일거요]	읽다 [익다]	읽고 [일꼬]

✔ 読んでみましょう。 WAV 17

(1) 굵기 - 읽기 - 닭고기

(2) 밝은 색으로 염색해 주세요.

(3) 내일은 날씨가 맑고 따뜻할 거예요.

自己評価				
1	服の種類に関する語彙、着脱に関する表現を学び、欲しい服やアクセサリーを購入することができますか。	☺	😐	☹
	服屋で自分の推測や意見を言うことができますか。	☺	😐	☹

문화 文化

✔ 한국에서 구입한 옷을 세탁한 후 옷에 문제가 생긴 적은 없습니까? 어떤 문제가 있었습니까?

韓国で購入した服を洗濯した後、何か服に問題が生じたことはありませんか。どんな問題がありましたか?

服を購入する際、洗濯に関する情報を聞いておけば服をより長持ちさせせることができますよね。こうした時、'세탁은 어떻게 해야 돼요?(洗濯はどのようにしたらいいですか。)'と尋ねれば店員は服の特性に合った洗濯方法を教えてくれるでしょう。まず、最も一般的な洗濯方法に'물세탁(水洗い)'があります。この時'손빨래를 해야 돼요?(手洗いをしなくてはいけませんか。)'、'세탁기로 빨아도 돼요?(洗濯機で洗ってもかまいませんか?)'ということも尋ねてください。手洗いでなければ'드라이클리닝을 해야 돼요?(ドライクリーニングをしなくてはいけませんか。)'と尋ねてください。

服を間違った方法で洗濯してしまうと色々と問題が生じますよね。考えられないほど服が小さくなってしまったり、伸びたり、色落ちしたりして困ったこともあるかと思います。こうした場合、'옷이 줄다(服が縮む)'、'옷이 늘어나다(服が伸びる)'、'물이 빠지다(色落ちする)'等の表現を使って店員に尋ねれば良いでしょう。

✔ 한국에서 옷을 구입하게 된다면 점원에게 세탁 방법에 대해서 물어보고 옷에 있는 세탁 방법 안내를 읽어 보세요.

韓国で服を購入することになったら、店員に洗濯方法に関して尋ね、服にある洗濯方法の案内を読んでみてください。

알쏭달쏭 한국어

間違えやすい韓国語

理由を現わす表現には-아서/어서/여서'と''-(으)니까'があります。この二つの文法は両方とも理由または、根拠を現わしますが、その使い分けは少し違います。まず'-아서/어서/여서'は一般的な理由を現わす時に使われ、普通 '-아서/어서/여서'の後ろには平叙文がきます。一方 '-(으)니까'は、その理由として個人的な価値や判断が反映される時によく使われます。したがって '-(으)니까'は個人的な判断を根拠に命令、提案、助言などをする文章によく使われることになります。ですので、'-(으)세요', '-(으)ㅂ시다', '-는 게 좋겠다', '-(으)ㄹ래요?' などが後ろにくる時は、必ず '-(으)니까'を使わなければなりません。
この他にも'-(으)니까'は'-았으니까/었으니까/였으니까'の形を取りますが、-아서/어서/여서'の前には'-았/었/였-'は結びつかないというところも相違点となります。

연 습 次のうち、正しい文章はどれでしょうか。選んでみましょう。

(1) 오늘은 손님이 와서 내일 올래요?

(2) 이번 시험은 어려울 것 같아서 열심히 공부하세요.

(3) 어제도 불고기를 먹었으니까 오늘은 다른 걸 먹어요.

正解 (3)

제5과

부탁이 하나 있는데요.

目標	依頼に関する表現を学んで、依頼したり、依頼を受けた時に、その依頼を受けたり断ったりすることができる。
語彙・表現	依頼、依頼承諾や断り
文法	-아/어/여 주다, -(으)ㄹ게요
発音	疑問詞を使った疑問文の二つのイントネーション
文化	断りの表現

대화

1

WAV 18

진 아 켄토 씨, 혹시 이번 주말에 시간 있어요?

켄 토 네. 그런데 왜요?

진 아 일요일에 이사를 하는데 짐 정리를 해야 돼서요.
미안한데 짐 싸는 것 좀 도와주세요.

켄 토 그래요? 가서 도와줄게요.

진 아 정말 고마워요. 이사 끝나고 저녁 살게요.

켄 토 고맙기는요. 별것도 아닌데요.

새 단어

혹시 もしかして
이사를 하다 引っ越しをする
짐 荷物
정리 整理
싸다 包む
도와주다 手伝ってくれる・あげる
별것도 아니다 大したことではない
고맙기는요. ありがたいだなんて。

STEP UP!

'고맙기는요'は'고맙다'の'고맙+'-기는요'の形で'-기는요'は動詞、形容詞の語幹について相手の意見を軽く否定する時に使用したり、相手が自分を称賛した時などに謙遜した態度を示す際などに使用され、相手の言葉を反復して表現する。

2

WAV 19

에리카 민석 씨, 저 부탁이 하나 있는데요.

민 석 무슨 일인데요?

에리카 다음 주 수요일까지 보고서를 내야 하는데 오늘 한국어 부분만 좀 봐 줄 수 있어요?

민 석 어, 어떡하지요? 저도 도와주고 싶은데 오늘은 일이 있어서 좀 힘들겠는데요.

에리카 괜찮아요. 어쩔 수 없지요, 뭐. 다른 사람에게 부탁해 볼게요.

민 석 다음에 부탁할 일이 있으면 얘기하세요.

새 단어

부탁 お願い	내다 出す	어떡하지요? どうしましょう。
보고서 報告書	부분 部分	어쩔 수 없지요, 뭐. 仕方ないですよね。

어휘·표현

1. 부탁

부탁이 있다	부탁을 받다
부탁을 하다	부탁을 들어주다
부탁을 드리다	부탁을 거절하다
도움을 받다	도와주다

· 부탁 依頼 ·

부탁이 있다 お願いがある
부탁을 하다 お願いをする
부탁을 드리다 お願い申し上げる
도움을 받다 手助けを受ける
부탁을 받다 依頼を受ける
부탁을 들어주다 願いを聞き入れる
부탁을 거절하다 依頼を断る
도와주다 手伝ってくれる·あげる

연습 1 다음 ________ 에 알맞은 말을 〈보기〉에서 골라 이야기한 후 쓰세요.

次の ________ に当てはまる言葉を例の中から選んで話してみましょう。その後、下線部に書いてみましょう。

〈보기〉	부탁을 드리다	부탁을 받다
	부탁을 거절하다	도움을 받다

(1) 가 : 누구한테 부탁했어요?

나 : 아는 분께 ________.

(2) 가 : 영미 씨가 도와줬어요?

나 : 네. 영미 씨한테서 정말 많이 ________.

(3) 가 : 그 사람이 부탁을 들어줬어요?

나 : 아니요. 일 때문에 너무 바빠서 제 ________.

(4) 가 : 무슨 고민 있어요?

나 : 네. 오랜만에 대학 동창을 만났는데 그 친구한테서 어려운 ________.

새 단어

아는 분 知っている方	고민 悩み	-께 '에게(ーに)' の敬語
때문에 ために	동창 同級生	-한테서 -から

어휘 · 표현

2. 부탁 수락과 거절

가 : 정말 고마워요.
나 : 아니에요. / 고맙기는요. / 별것도 아닌데요.

· 부탁 수락과 거절 依頼承諾と断り ·

정말 고마워요. 本当にありがとうございます。

아니에요. いいえ。

고맙기는요. ありがたいだなんて。

별것도 아닌데요. 大したことでもないですよ。

가 : 미안해요. / 어떡하지요? / -아서/어서/여서 힘들겠는데요.
나 : 괜찮아요.

· 부탁 수락과 거절 依頼承諾と断り ·

미안해요. すいません。

어떡하지요? どうしましょう。

-아서/어서/여서 힘들겠는데요. -で難しそうです。

어휘 · 표현

語彙·表現

연습 1 다음 .... 에 알맞은 말을 〈보기〉에서 골라 이야기한 후 쓰세요.

次の .... に当てはまる言葉を例の中から選んで話してみましょう。その後、下線部に書いてみましょう。

〈보기〉	어떡하지요?	고맙기는요.
	괜찮아요.	아니에요.

(1) 가 : 부탁을 들어줘서 정말 고마워요.

나 : .... 별것도 아닌데요.

(2) 가 : 바빠서 좀 힘들겠는데요.

나 : ....

(3) 가 : 제가 도와줄게요. 이번에 정말 큰 도움을 받았어요. 정말 고마워요.

나 : ....

(4) 가 : 미안해요. ....

나 : 괜찮아요. 너무 신경 쓰지 마세요.

문법 文法

1. -아/어/여 주다

'-아/어/여 주다'は動詞の語幹について、ある行為の恩恵がある対象に移動することを表す。

'-아/어/여 드리다'はある行為の恩恵を受ける人が、主語より歳や地位が上の人であることを示す時に使う。

動詞の語幹の最後の音節	ㅏ, ㅗ ○	-아 주다	받다 : 받 + 아 주다 → 받아 주다
	ㅏ, ㅗ ×	-어 주다	읽다 : 읽 + 어 주다 → 읽어 주다
	하다 ○	-여 주다	하다 : 하 + 여 주다 → 하여 주다 → 해 주다

- 이것 좀 (저에게) 보여 주세요. これをちょっと(私に)見せてください。
- 이것 좀 수미 씨에게 보여 주세요. これをスミさんに見せてあげてください。

(1) 가 : 저기, 이것 좀 한번 봐 주세요.
나 : 네. 뭔데요?

(2) 가 : 이거 어디에서 샀어요? 정말 예쁘네요.
나 : 친구가 만들어 줬는데 예쁘지요?

(3) 가 : 잠시만 기다려 줄 수 있어요?
나 : 네. 그럴게요.

(4) 가 : 휴대 전화를 집에 놓고 왔네요.
나 : 제 거 빌려 드릴까요?

새 단어

잠시만 しばらく
여기서 ここで
놓고 오다 置いてくる
빌리다 貸す
그럴게요. そうします。

문법

연습 1 〈보기〉와 같이 쓰세요.

例のように書いてみましょう。

〈보기〉 사다 ⇨ 사 줘요 사 주세요

(1) 읽다 ⇨ ....

(2) 쓰다 ⇨ ....

(3) 보이다 ⇨ ....

(4) 빌리다 ⇨ ....

(5) 가르치다 ⇨ ....

(6) 만들다 ⇨ ....

(7) 듣다 ⇨ ....

(8) 하다 ⇨ ....

연습 2 다음 .... 에 알맞은 말을 〈보기〉에서 골라 이야기한 후 쓰세요.
次の .... に当てはまる言葉を例の中から選んで話してみましょう。その後、下線部に書いてみましょう。

〈보기〉	열다	빌리다	옮기다	가르치다

(1) 가 : 죄송한데 창문 좀 ....
나 : 네, 알겠습니다.

(2) 가 : 저기요. 이 가방 좀 ....
나 : 네, 손님, 잠시만 기다리십시오.

(3) 가 : 영미 씨 전화번호 좀 ....
나 : 네, 잠깐만요.

(4) 가 : 이 한복 샀어요?
나 : 아니요. 한국 친구가 ....

새 단어

옮기다 移す
한복 韓服
기다리십시오. お待ち下さい。

연습 3 〈보기〉와 같이 친구에게 부탁을 해 보세요.

부탁을 들어 주었으면 ○, 들어주지 않았으면 ×로 표시하세요.

例のように友だちに依頼をしてみましょう。

依頼を聞き入れてくれた場合は○、聞き入れてくれなかった場合は×を書き入れてみましょう。

〈보기〉
가 : 토요일에 이사를 하는데 좀 도와주세요.
나 : 네, 그럴게요. / 미안해요. 토요일에 일이 있어요. 어떡하지요?

이름 / 부탁	1.	2.	3.
〈보기〉 이사			
(1)			
(2)			

문법 文法

2. -(으)ㄹ게요

'-(으)ㄹ게요'は動詞の語幹について話し手の意思、すなわち、ある状況に対する話し手のすばやい意志を表す。

動詞の語幹の最後の音節	ㄹ以外の받침○	-을게요	읽다 : 읽 + 을게요 → 읽을게요
	ㄹ받침	-ㄹ게요	만들다 : 만들 + ㄹ게요 → 만들게요
	받침×		하다 : 하 + ㄹ게요 → 할게요

(1) 가 : 이거 너무 무겁네요. 좀 도와주세요.
나 : 네, 제가 도와줄게요.

(2) 가 : 준수 씨, 민지 씨한테 오늘 회의 내용 좀 알려 주세요.
나 : 지금 자리에 없으니까 이따가 전할게요.

(3) 가 : 제가 민준 씨 생일 선물을 준비할게요.
나 : 그럼 저는 케이크를 만들게요.

(4) 가 : 도착하면 전화하세요.
나 : 네, 그럴게요.

새 단어

회의 会議
내용 内容
알리다 知らせる
전하다 伝える

문법

연습 1 〈보기〉와 같이 쓰세요.

例のように書いてみましょう。

〈보기〉 가다 ⇨ 갈게요

(1) 사다 ⇨ ....

(2) 쓰다 ⇨ ....

(3) 먹다 ⇨ ....

(4) 기다리다 ⇨ ....

(5) 연락하다 ⇨ ....

(6) 열다 ⇨ ....

(7) 듣다 ⇨ ....

(8) 그러다 ⇨ ....

연습 2 〈보기〉와 같이 ______ 에 알맞은 말을 넣어 이야기한 후 쓰세요.

例のように ______ に当てはまる言葉を入れて話してみましょう。その後、下線部に書いてみましょう。

〈보기〉
가 : 언제 전화할 거예요?
나 : 거기에 도착하면 전화할게요.

(1) 가 : 영준 씨, 미안해요. 제가 약속에 좀 늦을 것 같아요.
나 : 그럼 커피숍에서 ______. 천천히 오세요.

(2) 가 : 담당자가 지금 자리에 없는데요. 이따가 다시 오시겠어요?
나 : 그럼 퇴근 전에 다시 한 번 ______.

(3) 가 : 밖이 너무 시끄럽네요.
나 : 그럼 제가 문을 ______.

(4) 가 : 실내 공기가 좀 답답하지요? 잠깐 창문 좀 ______.
나 : 네, 그러세요.

새 단어

담당자 担当者
자리에 없다 席にいない
퇴근 退社
시끄럽다 騒がしい
실내 室内
공기 空気
답답하다 息苦しい

연습+

여러분은 부탁을 하거나 받을 때 어떻게 이야기합니까? 〈보기〉의 대화를 보고 이야기해 보세요.
みなさんは依頼をしたり、受け入れたりする時、どのように話しますか。例のように話してみましょう。

〈보기〉

가	나
부모님 생신 선물을 사야 하다, 제가 자신이 없다 선물 좀 같이 고르다	고르다 별로 힘든 일도 아니다

가　지현 씨, 부탁이 하나 있는데 혹시 오늘 저녁에 시간 있어요?

나　네. 그런데 무슨 부탁인데요?

가　부모님 생신 선물을 사야 하는데 제가 자신이 없어서요.
　　선물 좀 같이 골라 주세요.

가　네, 제가 골라 줄게요.

나　정말 고마워요.

가　고맙기는요. 별로 힘든 일도 아닌데요, 뭐.

(1)

가	나
미영 씨한테 책을 돌려줘야 하다, 시간이 없다 이 책 좀 전하다	전하다 별일도 아니다

(2)

가	나
월요일까지 책을 반납해야 하다, 제가 시간이 없다 도서관에 책 좀 반납하다	반납하다 그렇게 어려운 일도 아니다

새 단어

생신 お誕生日　　돌려주다 返す　　반납하다 返却する

고르다 選ぶ　　전하다 渡す

활동

들어 보세요.

1. 여러분은 다른 사람에게 부탁을 할 때 어떻게 이야기합니까?
   みなさんは他の人に依頼をする時、どのように話しますか?

2. 다음은 부탁을 하는 대화입니다. 들어 보세요. WAV 20
   次の会話は依頼をする際の会話です。聞いてみましょう。

다음을 읽고 들은 내용과 같으면 ○, 다르면 ×에 표시하세요.
次の文を読んで、内容と一致する場合は○、一致しない場合は×にチェックを入れてみましょう。

(1) 남자는 여자의 부탁을 들어 주었습니다. ○ ×

(2) 여자는 남자에게 자료 정리를 부탁했습니다. ○ ×

새 단어

자료 資料	돌아오다 帰って来る
사무실 事務室	아무튼 とにかく

이야기해 보세요.

1. 여러분은 지금 부탁하고 싶은 것이 있습니까? 어떻게 부탁을 하겠습니까?
   みなさんは今、他の人にお願いしたいことがありますか。どのようにお願いをしたら良いでしょうか。

2. 여러분은 다른 사람의 부탁을 잘 들어주는 편입니까? 부탁을 들어주거나 거절할 때 어떻게 말합니까?
   みなさんは他の人の依頼をよく聞きいれてあげる方ですか。聞きいれたり、断ったりするときは、何と言いますか。

3. 다른 사람에게 부탁을 해 보세요. 그리고 친구의 부탁을 받고 부탁을 들어주거나 거절해 보세요.
   他の人に依頼をしてみてください。そして友だちの依頼を受けたら、その依頼を聞きいれたり断ったりしてみてください。

활동

읽어 보세요.

1. 여러분은 이메일로 부탁을 받아 본 적이 있습니까? 어떤 내용이 있었습니까?
   みなさんはEメールで依頼を受けたことがありますか。それはどんな内容でしたか。

2. 다음은 이메일입니다. 읽어 보세요.
   次の絵はEメールの内容です。読んでみましょう。

메일쓰기

보내기 | 미리보기 | 임시저장

받는 사람	수연<suyon@hanmail.com>
보낸 사람	사유리<sayuri@yahoo.net>
제목	수연 씨, 부탁이 있어요.

안녕하세요. 저 사유리예요.
부탁이 있어서 이렇게 이메일 보내요. 제가 보고서를 쓰고 있는데 자료가 부족해서요. 수연 씨가 가지고 있는 자료 좀 이메일로 보내 줄 수 있어요? 그리고 교수님 이메일 주소도 함께 알려 주세요. 제가 잃어버렸네요. 그럼 답장 기다릴게요. 안녕히 계세요.

사유리 드림.

✔ 다음을 읽고 위의 내용과 같으면 ○, 다르면 ×에 표시하세요.
次の文を読んで内容と一致する場合は○、一致しない場合は×にチェックを入れてみましょう。

(1) 사유리 씨가 수연 씨에게 이메일을 보냈습니다. ○ ×

(2) 수연 씨는 사유리 씨를 만나서 보고서 자료를 줄 것입니다. ○ ×

(3) 수연 씨는 사유리 씨의 이메일 주소를 알고 싶어합니다. ○ ×

새 단어

부족하다 足りない	함께 一緒に	답장 返事
가지고 있다 持っている	잃어버리다 無くしてしまう	드림 拝

활동 活動

써 보세요.

1. 여러분은 친구에게 부탁하고 싶은 것이 있습니까?
어떤 부탁입니까? 그 내용을 메모해 보세요.
みなさんは友だちにお願いしたいことがありますか。どんな内容ですか。その内容をメモしてみましょう。

2. 위의 내용을 바탕으로 부탁 이메일을 써 보세요.
上の内容をもとに、依頼メールを書いてみましょう。

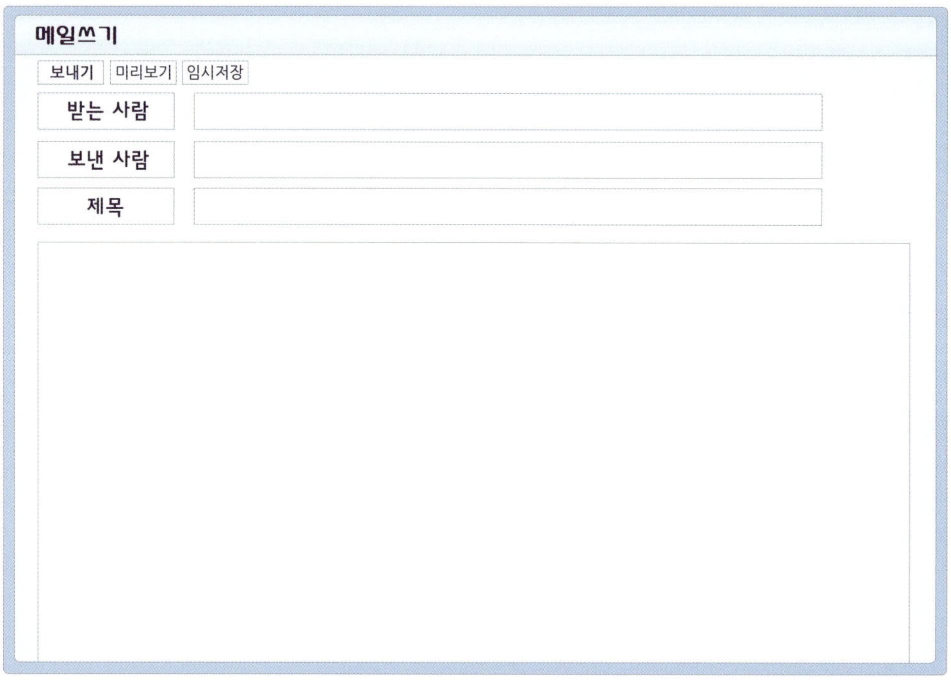

발음 発音

次の文をイントネーションに注意して読んでみましょう。

어디 가요?

韓国語では、疑問詞のある疑問文の場合、内容を問う疑問文となりますが、イントネーションによってはyes-no疑問文になったりします。
内容を問う疑問文の場合には、疑問詞の後、間を置かず、残りの文章と繋げて読み、文の最後の音節は下がりながらまた上がります。一方、yes-no疑問文になる場合には、疑問詞と疑問詞のすぐ後ろの部分を切って読み、文の最後の音節のすぐ前の音節から下がり始め、最後の音節で上がります。疑問詞の後ろを切って読むのか繋げるのか、最後の音節をどのように上げるのかにより意味が変わってくるので注意しなければなりません。
したがって上の例文を発音すると次のようになります。

가: 어디 가요? 나: 우체국에 가요.	가: 어디 가요? 나: 네. 볼 일이 있어서요.

読んでみましょう。 WAV 21

(1) 가 : 누가 왔어요?
나 : 사유리 씨가 왔어요.

(2) 가 : 누가 왔어요?
나 : 아니요. 아무도 안 왔어요.

(3) 가 : 점심에 뭐 먹었어요?
나 : 비빔밥을 먹었어요.

1 自己評価				
	他の人に依頼をすることができますか。	☺	😐	☹
	依頼を受けたり断ったりすることができますか。	☺	😐	☹

문화

文化

✔ 여러분은 다른 사람의 부탁을 거절할 때 어떻게 말합니까?

みなさんは他の人の依頼を断る時、どのように言って断りますか。

他の人の依頼を断るのは、依頼をするのと同様に難しいものです。もしかしてこれまでに、韓国人の依頼を受けて、断れずに困った経験はありませんか。韓国人もみなさんと同じように、断る時は非常に慎重な態度をとりますが、どちらかと言うと、はっきりと意思表示をする傾向にあります。あまりに慎重になり、直接言葉で表現しなかった場合、依頼を聞きいれてくれたと誤解されることもあるので、ここで適切な表現を学び、使ってみてください。

それでは、みなさんは断る時、どのように言いますか。韓国人はよく、'미안해서 어떡하죠?(申し訳なくて、どうしたらいいでしょう。)'という言葉で断ると同時に心配する気持ちを表現します。もしくは、'일이 있어서 안 되겠는데요.(用事があって難しそうです。)'といったように自身の状況を説明することで申し訳ない気持ちを表します。このような言葉で断っても、まだ申し訳ない感情が残っていたら'다음엔 꼭 도와드릴게요.(次は必ずお手伝いします。)'といった言葉でしめくくりましょう。

✔ 부탁을 거절하기 힘들 때 위의 표현을 사용해 보세요.

依頼を断らなければならない状況の時、上の表現を使ってみてください。

알쏭달쏭 한국어

間違えやすい韓国語

韓国語の'-아/어/여 주세요' は、ある行為による恩恵の関係を表す'-아/어/여 주다'と、命令または、要求の意味を表す'-(으)세요'が合わさった形で、主に話し手自身のために他人にある行為を要求する時に使われます。韓国語の'-아/어/여 주세요'は、日本語の'-てください'に該当します。しかし、日本語の場合は他人に対して丁重に命令や要求をする場合にも使われますが、韓国語ではそのような場合'-(으)세요'だけを使います。例えば、'スミさん、先に行ってください。を'수미 씨, 먼저 가 주세요.'、また、'ゆっくり召し上がってください。を'천천히 먹어 주세요.'というような使い方はしません。韓国語では話し手自身や第三者のための行為の要求でなければ'-아/어/여 주세요'でなく'-(으)세요'を使います。

연 습 次のうち、間違った文章はどれでしょうか。選んでみましょう。

(1) 자, 그럼 사진 찍겠습니다. 웃어 주세요.

(2) 가방이 무겁네요. 저기까지 같이 좀 들어 주세요.

(3) 와, 이 인형 직접 만들었어요? 저도 만들어 주세요.

正解 (1)

제6과

너무 긴장돼서 실수를 했어요.

目標	気持ちや感情を表す表現を学び、特定の状況において、 自分の気持ちや感情を表現したり、相手の気持ちや感情を推測することができる。
語彙・表現	気持・感情1, 気持・感情2
文法	-(으)ㄹ 때, -겠-
発音	鼻音化2(パッチム [ㄱ], [ㄷ], [ㅂ]+/ㅁ/)
文化	気持や感情と関連のある慣用表現

대화

1

WAV 22

에리카	진아 씨, 오늘 무슨 좋은 일 있어요?
진 아	네. 오늘 첫 월급을 받았어요.
에리카	와, 벌써 그렇게 됐구나. 좋겠네요.
진 아	취직하고 처음 받는 거라서 더 기분이 좋은 것 같아요.
에리카	저는 첫 월급으로 부모님께 선물을 사 드렸는데 무척 기뻐하셨어요. 진아 씨는 첫 월급으로 뭘 할 거예요?
진 아	저도 오늘 부모님 선물을 살 거예요.

새 단어

첫 初
월급을 받다 給料をもらう
취직하다 就職する
부모님 両親
기뻐하다 喜ぶ

STEP UP!

'기뻐하다'は '기쁘다'の '기쁘+'-아하다/어하다/여하다'の形で、'-아하다/어하다/여하다'は形容詞を動詞に変える。形容詞は1人称の主語の場合のみ使用することができ、他の人の感情や思いを表す時は '-아하다/어하다/여하다'をつけた '기뻐하다, 슬퍼하다, 즐거워하다'を使わなければならない。

2

WAV 23

에리카 민석 씨, 운전면허 시험 어떻게 됐어요?

민 석 또 떨어졌어요.

에리카 열심히 준비했는데 속상하겠네요.

민 석 네. 너무 아쉬워요. 연습 때는 잘 했는데 시험을 볼 때 너무 긴장됐어요.

에리카 그랬어요? 저는 긴장될 때 심호흡을 해요.
그러면 좀 긴장이 풀리고 마음이 편안해져요. 민석 씨도 한번 해 보세요.

민 석 네, 다음에는 그렇게 해 볼게요.

새 단어

운전면허 運転免許	아쉽다 残念だ	심호흡을 하다 深呼吸をする
떨어지다 落ちる	때 時	긴장이 풀리다 緊張が解ける
속상하다 悔しい	긴장되다 緊張する	편안해지다 楽になる

어휘 · 표현

1. 기분 · 감정1

기분이 좋다	기분이 나쁘다
속상하다	화가 나다
짜증이 나다	긴장되다

· 기분 · 감정1 気持·感情1 ·

기분이 좋다 気分が良い　속상하다 悔しい　짜증이 나다 いらいらする

기분이 나쁘다 気分が悪い　화가 나다 腹が立つ　긴장되다 緊張する

연습 1 〈보기〉와 같이 ______ 에 알맞은 표현을 골라 이야기한 후 쓰세요.

例のように ______ に当てはまる言葉を入れて話してみましょう。その後、下線部に書いてみましょう。

〈보기〉
가 : 무슨 일 있어요?
나 : 고향에서 친구가 놀러 왔어요. 그래서 기분이 좋아요.

(1) 가 : 무슨 일 있어요?
나 : 오늘 회사 면접이 있어요. 그래서 ______.

(2) 가 : 무슨 일 있어요?
나 : 버스를 30분 기다렸어요. 너무 ______.

(3) 가 : 무슨 일 있어요?
나 : 시험 준비를 열심히 했는데 떨어졌어요. 그래서 ______.

(4) 가 : 무슨 일 있어요?
나 : 친한 친구하고 어제 싸웠어요. 그래서 ______.

어휘 · 표현

2. 기분 · 감정2

기쁘다	즐겁다
행복하다	슬프다
외롭다	무섭다
아쉽다	섭섭하다
창피하다	부끄럽다

• 기분 · 감정2 気持·感情2 •

기쁘다 うれしい	슬프다 悲しい	아쉽다 残念だ	부끄럽다 気恥ずかしい
즐겁다 楽しい	외롭다 寂しい	섭섭하다 (別れるのが)寂しい	
행복하다 幸せだ	무섭다 怖い	창피하다 恥ずかしい	

연습 1 〈보기〉와 같이 .... 에 알맞은 말을 넣어 이야기한 후 쓰세요.

例のように .... に当てはまる言葉を入れて話してみましょう。その後、下線部に書いてみましょう。

〈보기〉
가 : 무슨 일 있어요?
나 : 동생이 회사에 취직을 했어요. 그래서 기뻐요.

(1) 가 : 무슨 일 있어요?
나 : 버스 정류장에서 넘어졌어요. 그래서 ....

(2) 가 : 다음 주에 고향에 돌아가요?
나 : 네. 벌써 1년이 지났네요. 너무 ....

(3) 가 : 카나 씨는 혼자 살아요?
나 : 네. 계속 혼자 살았는데 너무 .... 이제 가족들하고 같이 살고 싶어요.

(4) 가 : 결혼 축하해요. 결혼하니까 좋아요?
나 : 그럼요. 사랑하는 사람과 함께 사니까 ....

새 단어

넘어지다 転ぶ

연습 2 여러분은 오늘 기분이 어때요? 왜 그런지 〈보기〉와 같이 친구와 이야기해 보세요.

みなさんの今日の気分はいかがですか。またそれはどうしてなのか例のように友だちと話してみましょう。

〈보기 1〉
가 : 무슨 좋은 일이 있어요?
나 : 네. 장학금을 받았어요. 그래서 기뻐요.

〈보기 2〉
가 : 무슨 안 좋은 일이 있어요?
나 : 지갑을 잃어버렸어요. 그래서 너무 속상해요.

문법

文法

1. -(으)ㄹ 때

'-(으)ㄹ 때'は動詞と形容詞の語幹、'名詞+이다'の'名詞+이'について、後ろにくる文の内容が行われる時間を説明する時に使われる。

動詞・形容詞の語幹の最後の音節	ㄹ以外の받침 ○	-을 때	많다 : 많 + 을 때 → 많을 때
	ㄹ받침	-ㄹ 때	살다 : 살 + ㄹ 때 → 살 때
	받침×		가다 : 가 + ㄹ 때 → 갈 때
'名詞+이다' の名詞の最後の音節	받침○	-일 때	학생이다 : 학생 + 일 때 → 학생일 때
	받침×		교사이다 : 교사 + 일 때 → 교사일 때

'-(으)ㄹ 때' は前後の文章の行為や状態が、同じ時間に行われる時に使用する。'-(으)ㄹ 때' の前にくる文章の行為や状態が完了した後に、後ろにくる行為や状態が行われる場合、動詞・形容詞は'-았을/었을/였을 때'を使い、名詞は'-이었을 때/였을 때'を使う。

名詞の場合は'名詞 + 때'の形でも時間を表す。
- 스무 살 때, 대학생 때, 방학 때

(1) 가 : 언제 제일 행복해요?
나 : 우리 아기의 웃는 얼굴을 볼 때 제일 행복해요.

(2) 가 : 점심 식사는 보통 어디에서 해요?
나 : 보통 근처 식당에서 먹지만 시간이 없을 때는 사무실에서 먹어요.

(3) 가 : 재성 씨, 혹시 냉장고에서 배 못 봤어요?
나 : 아, 그거요? 불고기를 만들 때 썼어요.

(4) 가 : 승기 씨는 언제 왔어요?
나 : 우리가 저녁을 다 먹었을 때 왔어요.

새 단어

아기 赤ちゃん
냉장고 冷蔵庫

문법

연습 1 〈보기〉와 같이 쓰세요.

例のように書いてみましょう。

〈보기〉 가다 ⇨ 갈 때

(1) 읽다 ⇨ ....

(2) 보다 ⇨ ....

(3) 바쁘다 ⇨ ....

(4) 많다 ⇨ ....

(5) 춥다 ⇨ ....

(6) 듣다 ⇨ ....

(7) 살다 ⇨ ....

(8) 공부하다 ⇨ ....

연습 2 다음 그림을 보고 〈보기〉와 같이 .... 에 알맞은 말을 넣어 이야기한 후 쓰세요.
次の絵を見ながら、例のように .... に当てはまる言葉を入れて話してみましょう。
その後、下線部に書いてみましょう。

〈보기〉

가 : 면접 때문에 너무 긴장돼요.

나 : 그렇게 긴장될 때 심호흡을 하면 좀 괜찮을 거예요.

(1)

가 : 종현 씨한테 전화 받았어요?

나 : 네. 그런데 회의를 ....
전화가 와서 오래 이야기를 못 했어요.

(2)

가 : 언제 스트레스를 받아요?

나 : 해야 되는 일이 ....
스트레스를 많이 받아요.

(3)

가 : 어제 연극은 잘 봤어요?

나 : 아니요. 제가 시간을 잘못 알아서
연극이 .... 극장에 도착했어요.

(4)

가 : 학교에 .... 뭘 타고 가요?

나 : 지하철은 좀 돌아가서 버스를 타고 가요.

(5)

가 : 여기요. 이 옷 입어 볼 수 있어요?

나 : 네. 그런데 .... 옷에 화장품이 묻으면 안 되니까 주의해 주세요.

(6)

가 : 현아 씨는 남편을 어떻게 만났어요?

나 : 제가 일본에 .... 길을 잃어버렸는데 남편이 도와줬어요.

새 단어

스트레스를 받다 ストレスを受ける　　묻다 付く　　길을 잃어버리다 道に迷う

연습 3 다음의 질문에 대해서 친구와 이야기해 보세요.

次の質問について友だちと話してみましょう。

	나	친구
언제 가장 즐거워요?		
언제 가장 스트레스를 받아요?		
가장 친한 친구를 어떻게 만났어요?		

문법

2. -겠-

'-겠-'は動詞と形容詞の語幹、'名詞 + 이다'の'名詞 + 이'について、話している時の状況や状態を根拠に、現在や未来のことを推測する時に使われる。

動詞·形容詞の語幹の最後の音節	받침○	-겠-	좋다 : 좋 + 겠어요 → 좋겠어요
	받침×		오다 : 오 + 겠어요 → 오겠어요
'名詞+이다' の名詞の最後の音節	받침○	-이겠-	학생이다 : 학생 + 이겠어요 → 학생이겠어요
	받침×	-겠-	의사이다 : 의사 + 겠어요 → 의사겠어요

過去のことについて推測する場合、動詞·形容詞は'-았겠/었겠/였겠-'を使用する。'名詞+이다'は'-이었겠/였겠-'を使用する。

(1) 가 : 이번에도 장학금을 못 받았어요.
　　나 : 열심히 공부했는데 속상하겠어요.

(2) 가 : 성민 씨는 아직 안 왔어요?
　　나 : 이제 여덟 시니까 곧 오겠지요. 조금만 더 기다려 봐요.

(3) 가 : 이번 주말에 친구들하고 제주도에 갈 거예요.
　　나 : 재미있겠네요. 여기저기 구경 많이 하고 오세요.

(4) 가 : 어제 압구정동에서 가수 정태인을 봤어요.
　　나 : 와, 현정 씨 정태인 팬 아니에요? 좋았겠어요.

새 단어

장학금 奨学金　　팬 ファン

연습 1 〈보기〉와 같이 쓰세요.

例のように書いてみましょう。

〈보기〉 좋다 ⇨ 좋겠어요

(1) 먹다 ⇨ ....

(2) 춥다 ⇨ ....

(3) 듣다 ⇨ ....

(4) 기뻐하다 ⇨ ....

(5) 예쁘다 ⇨ ....

(6) 깨끗하다 ⇨ ....

(7) 올해이다 ⇨ ....

(8) 시험이다 ⇨ ....

연습 2 〈보기〉와 같이 .... 에 알맞은 말을 넣어 이야기한 후 쓰세요.
例のように .... に当てはまる言葉を入れて話してみましょう。その後、下線部に書いてみましょう。

〈보기〉
가 : 빨리 해야 되는 일이 있는데 노트북이 자꾸 꺼져요.
나 : 어떡해요. 짜증나겠어요.

(1) 가 : 하늘을 좀 보세요. 구름이 많이 끼었네요.
나 : 네. 저녁에는 ....

(2) 가 : 현진 씨, 면세점에서 일하지요? 휴가철이라서 ....
나 : 네. 관광객이 아주 많아서 바빠요.

(3) 가 : 어제 북한산 정상까지 등산하고 왔어요.
나 : .... 오늘은 일찍 집에 가서 쉬세요.

(4) 가 : 이제 곧 설날이니까 은혜 씨도 고향에 ....
나 : 가고 싶은데 표를 못 샀어요.

새 단어

자꾸 しきりに	휴가철 バカンスシーズン	정상 頂上
꺼지다 消える	관광객 観光客	설날 元日
면세점 免税店	북한산 北漢山	어떡해요. どうしましょう.

연습 3 친구들의 근황을 물어보고 그것에 대한 자신의 생각을 〈보기〉와 같이 이야기해 보세요.

友だちの近況を聞き、それに対する自分の考えを 例のように話してみましょう。

〈보기 1〉

가 : 어제 뭐 했어요?

나 : 동창회에 가서 오랜만에 친구들을 만났어요.

가 : 반가웠겠어요.

〈보기 2〉

가 : 주말에 뭐 할 거예요?

나 : 야구 동호회 모임이 있어서 갈 거예요.

가 : 날씨도 좋고 운동도 하고……. 좋겠네요.

연습+

여러분의 기분이나 감정을 친구들에게 전하고 싶을 때 무슨 이야기를 합니까?
〈보기〉의 대화를 보고 이야기해 보세요.

みなさんは、気持ちや感情を友達に伝えたい時、どのように話しますか。例のように話してみましょう。

〈보기〉

가	나
긴장되다, 가벼운 체조를 하다 긴장이 조금 풀리다	오늘 회사에서 중요한 발표를 망치다 너무 긴장해서 실수를 했다

가 소희 씨 무슨 일 있어요? 안색이 안 좋아요.

나 오늘 회사에서 중요한 발표를 망쳤어요.

가 정말 속상하겠어요.

나 네. 긴장을 하면 꼭 실수를 해요.

가 저는 긴장될 때 가벼운 체조를 해요. 그러면 긴장이 조금 풀려요.
소희 씨도 한번 해 보세요.

나 네. 저도 그렇게 해 볼게요.

(1)

가	나
기분이 안 좋다, 가까운 곳에 여행을 가다 기분이 좋아지다	시험 준비를 열심히 했는데 떨어지다 중요한 시험이라서 속상하다

(2)

가	나
외롭다, 새로운 사람들을 만나다 외로움을 잊다	친한 친구가 고향에 돌아가다 혼자 있어서 너무 외롭다

새 단어

망치다 台無しにする
가볍다 軽い
체조를 하다 体操をする
나빠지다 悪くなる
좋아지다 良くなる
외로움 寂しさ
잊다 忘れる

활동

들어 보세요.

1. 여러분은 친구의 기분이 안 좋아 보일 때 어떤 이야기를 합니까?
   みなさんは友だちの気分が良くなさそうに見える時、どのように言うでしょうか。

2. 다음은 친구 사이의 대화입니다. 들어 보세요. WAV 24
   次の会話は友だち同士の会話です。聞いてみましょう。

다음을 읽고 들은 내용과 같으면 ○, 다르면 ×에 표시하세요.
次の文を読んで、内容と一致する場合は○、一致しない場合は×にチェックを入れてみましょう。

(1) 여자는 친구가 유학을 가서 섭섭해해요. ○ ×

(2) 여자는 남자에게 도움을 받았을 때 고마워했어요. ○ ×

새 단어

유학을 떠나다 留学に行く　　도움을 주다 手助けする

이야기해 보세요.

1. 여러분은 요즘 어떤 고민이 있습니까?
   みなさんはこの頃どんな悩みをお持ちでしょうか。

2. 친구에게 자신의 상태를 이야기하고 조언을 구하세요. 그리고 친구의 이야기를 듣고 조언을 해 주세요.
   友だちに自分の状態を話して、アドバイスを求めてみましょう。また、友だちの話を聞いて、役に立つ話をしてあげましょう。

읽어 보세요.

1. 여러분은 친구로부터 좋은 혹은 안 좋은 소식을 들은 적이 있습니까? 어떤 내용이었습니까?

   みなさんは友達から良い話、もしくは良くない話などを聞いたことがありますか?それはどんな内容でしたか。

2. 다음은 이메일입니다. 읽어 보세요.

   次の絵はEメールの内容です。読んでみましょう。

메일쓰기

보내기 | 미리보기 | 임시저장

받는 사람	카나코<kanako@cococo.net>
보낸 사람	임정희<jhlim@cococo.net>
제목	저예요, 저!

카나코 씨, 안녕하세요.
오랜간만에 이메일을 쓰네요. 잘 지내지요?
저도 잘 지내고 있어요. 지난달부터 옷 가게에서 아르바이트를 하고 있어요. 손님들이 오면 아직 좀 긴장되지만 영어로 말이 통하니까 정말 신기해요. 카나코 씨 회사 생활은 어때요? 처음이라 긴장도 되고 짜증나는 일도 많을 것 같은데……. 궁금하네요. 한국에 있을 때 카나코 씨하고 커피 한 잔 하고 싶었는데 그러지 못해서 너무 아쉬웠어요. 방학 때 잠깐 한국에 갈 거니까 그때는 꼭 만났으면 좋겠어요. 그럼 그때까지 안녕히 계세요.

캐나다에서 정희 드림.

다음을 읽고 위의 내용과 같으면 ○, 다르면 ×에 표시하세요.
次の文を読んで内容と一致する場合は○、一致しない場合は×にチェックを入れてみましょう

(1) 정희 씨는 외국 생활이 힘들고 무척 외롭습니다. ○ ×

(2) 정희 씨는 아르바이트를 할 때 긴장이 됩니다. ○ ×

(3) 정희 씨는 방학 때 카나코 씨를 만나고 싶어합니다. ○ ×

새 단어

말이 통하다 言葉が通じる
신기하다 不思議だ
궁금하다 気になる

써 보세요.

1. 여러분에게 요즘 특별한 일이 있었습니까? 기분은 어땠습니까?
간단하게 메모해 보세요.
みなさんは最近特別なことがありましたか。その時どんな気持ちでしたか。簡単にメモしてみましょう。

무슨 일이 있었습니까?	기분은 어땠습니까?	어떻게 했습니까?

2. 위의 내용을 바탕으로 친구에게 이메일을 써 보세요.
上の内容をもとに、友だちにEメールを書いてみましょう。

메일쓰기

보내기 | 미리보기 | 임시저장

받는 사람	
보낸 사람	
제목	

발음 発音

次のパッチム/ㄱ/, /ㅅ/, /ㅍ/の発音に注意して読んでみましょう。

국물	거짓말	앞문

韓国語では、パッチム /ㄱ,ㅋ/, /ㄷ,ㅅ,ㅈ,ㅊ,ㅌ,ㅎ/, /ㅂ,ㅍ/の後ろに鼻音/ㅁ/がくると、これらのパッチムは各々、鼻音 [ㅇ], [ㄴ], [ㅁ]と発音されます。
したがって上の例を発音すると次のようになります。

국물[궁물]	거짓말[거진말]	앞문[암문]

読んでみましょう。 WAV 25

(1) 한국말 - 곡물 - 뒷모습 - 낱말 - 옆머리

(2) 석민 씨는 장미꽃만 샀네요.

(3) 박물관에 모두 몇 명이 가요?

自己評価		☺	😐	☹
1	みなさんの気持ちと感情を表現できますか。			
	相手の気持ちや感情を推測して、それに見合う助言ができますか。			

문화 文化

✔ 여러분이 지금까지 살면서 가장 기뻤던 일은 무엇입니까? 한국인들은 기쁨을 어떻게 표현할까요?

みなさんが今までで最もうれしかったことは何ですか。韓国人は喜びをどのように表現するのでしょうか。

韓国の人々は、'날아갈 듯이 기쁘다/기뻐하다(飛んで行きそうにうれしい/うれしがる)'または'뛸 듯이 기쁘다/기뻐하다(飛びあがるようにうれしい/うれしがる)'といった言葉で最もうれしい瞬間を表現します。

また、突然激しく怒り出す姿は、ぞんざいな表現で'불같이 화를 내다(火のように怒る)'といいます。腹がたっている様子を'火'に比喩するのと同じように、韓国の人々は自分が腹立たしい状況となった時'열받다(熱を受ける)'という表現を使います。

さらに、自分の気持ちや感情、あるいは状態が、極限に達した時、頻繁に使われる表現が'-아/어/여 죽겠다(-で死にそうだ)'です。例えば'짜증 나 죽겠다(むしゃくしゃして死にそうだ),무서워 죽겠다(怖くて死にそうだ),창피해 죽겠다(恥ずかしくて死にそうだ)'というように気持ちや感情を表現したり、'좋아 죽겠다(うれしくて死にそうだ)''아파 죽겠다(痛くて死にそうだ),배고파 죽겠다(腹がへって死にそうだ)'のように自分の状態を表現したりもします。この表現は、主に否定的な表現と共に使われます。

✔ 여러분은 언제 가장 기쁘고, 언제 가장 크게 화를 냅니까?
여러분의 감정에 대해서 이야기해 보세요.

みなさんは、どんな時に一番うれしいですか。また、どんな時に腹がたちますか。

みなさんの感情について話してみましょう。

Memo

제7과

유자차를 마시면 목이 덜 아플 거예요.

目標	身体と症状に関する表現を学び、 症状を説明したり、症状に合うアドバイスしたりすることができる。
語彙・表現	身体、症状
文法	-(으)ㄴ, -(으)면
発音	激音化
文化	病院の種類

대화

1

WAV 26

민 석　켄토 씨, 어디 아파요?

켄 토　며칠 동안 감기에 걸려서 고생했어요. 목도 많이 붓고 기침도 심했어요.

민 석　요즘 날씨 때문에 감기에 걸린 사람이 많은 것 같아요. 지금은 괜찮아요?

켄 토　네. 약을 먹고 많이 좋아졌는데 아직도 목은 좀 아프네요.

민 석　그러면 유자차를 마셔 보세요. 따뜻한 유자차를 마시면 목이 덜 아플 거예요.

켄 토　그래요? 그럼 한번 마셔 볼게요.

새 단어

감기에 걸리다 風邪を引く	목이 붓다 喉が腫れる	덜 あまり(ある限度に満たない)
고생하다 苦労する	기침이 나다 咳が出る	때문에 -のせいで

2

WAV 27

약 사　어떻게 오셨어요?

에리카　오늘 하루 종일 설사를 하고 배가 많이 아팠어요.

약 사　어제 뭘 드셨는데요?

에리카　어제 더워서 냉면을 좀 많이 먹었어요.

약 사　찬 걸 너무 많이 드셔서 배탈이 났네요.

〈잠시 후〉

약 사　이 약을 드시면 설사는 멈출 거예요.

에리카　약은 어떻게 먹어야 돼요?

약 사　하루에 세 번, 식사 후에 드세요.
그리고 당분간 찬 음식은 드시지 말고 따뜻한 물을 자주 드세요.

새 단어

약사　薬師
설사를 하다　下痢をする
배　お腹
차다　冷たい
배탈이 나다　お腹をこわす
멈추다　止まる
식사 후　食後
당분간　当分
드시지 말고　召し上がらずに
어떻게 오셨어요?　どうなさいましたか。

STEP UP!

'드시지 말고'は '드시지 말다'の'드시지 말+-고'の形で, 'A-지 말고 B-(으)세요' という形で使われ、Aをせずに Bをしなさいという意味となる。

어휘·표현

1. 신체

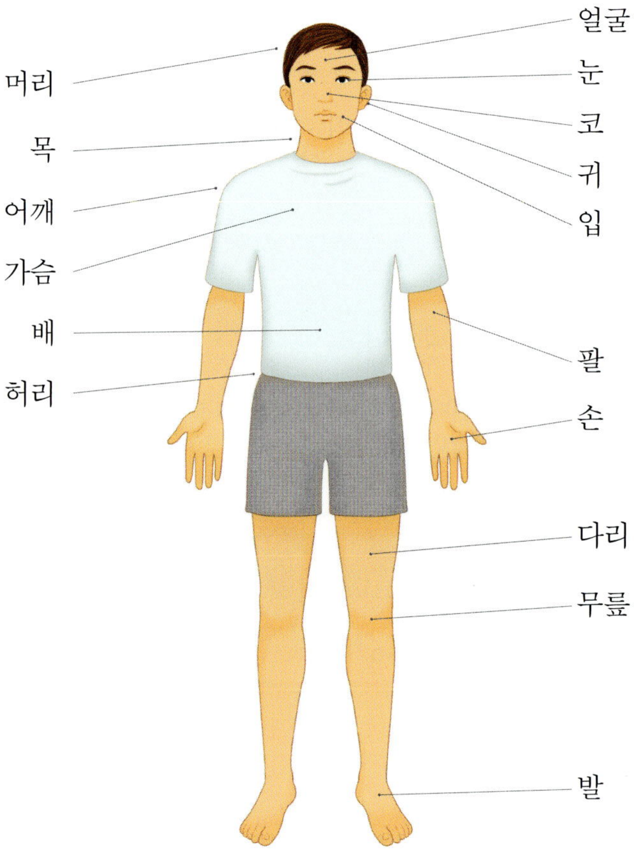

· 신체 身体 ·

머리 頭	배 腹	코 鼻	손 手
목 首	허리 腰	귀 耳	다리 脚
어깨 肩	얼굴 顔	입 口	무릎 膝
가슴 胸	눈 目	팔 腕	발 足

연습 1 다음 그림을 보고 〈보기〉와 같이 이야기해 보세요.

次の絵を見ながら例のように話してみましょう。

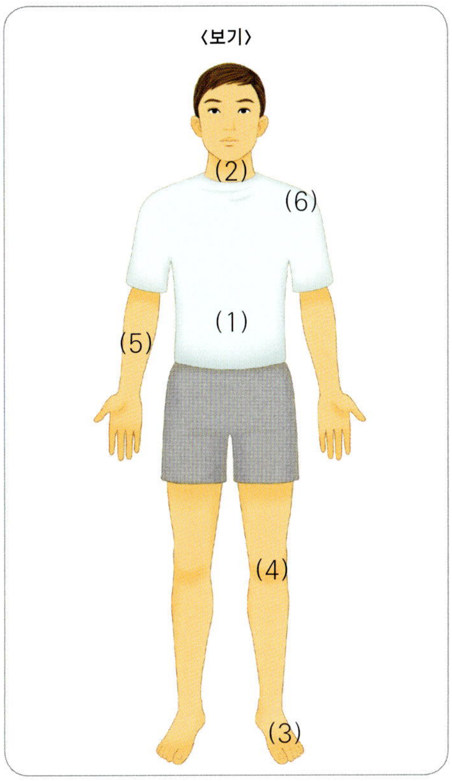

〈보기〉
가 : 어디가 아파요?
나 : 머리가 아파요.

연습 2 여러분은 어디가 자주 아파요? 친구와 이야기해 보세요.

みなさんは、どこがよく痛いですか。友だちと話してみましょう。

어휘 · 표현

2. 증상

소화가 안 되다

토하다

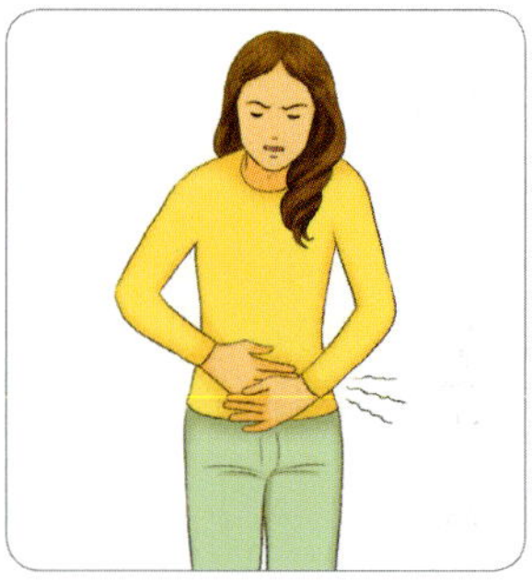

배탈이 나다

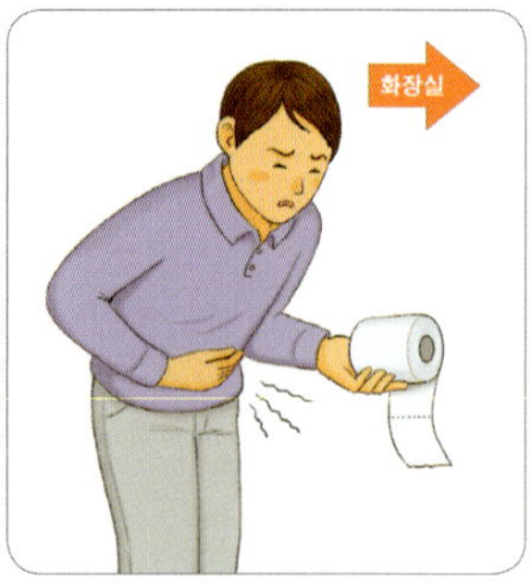

설사를 하다

감기에 걸리다

콧물이 나다

기침이 나다

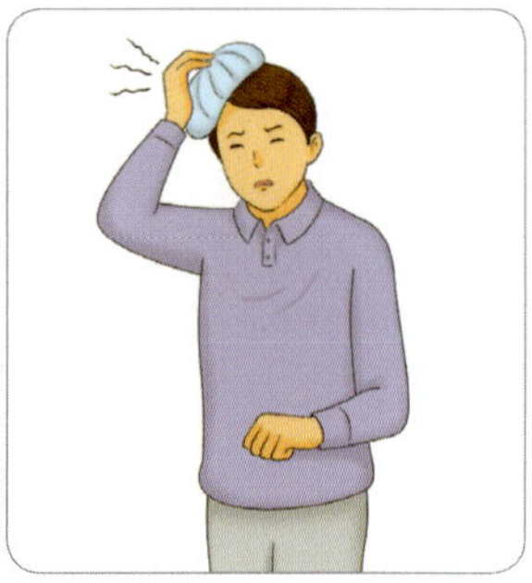

열이 나다

목이 붓다

두통이 심하다

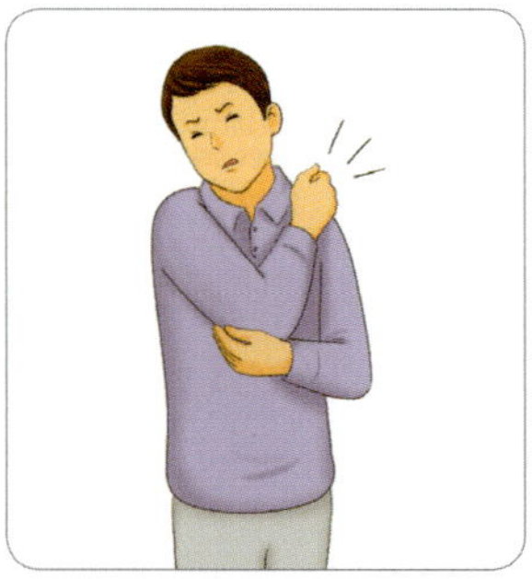

근육통이 심하다

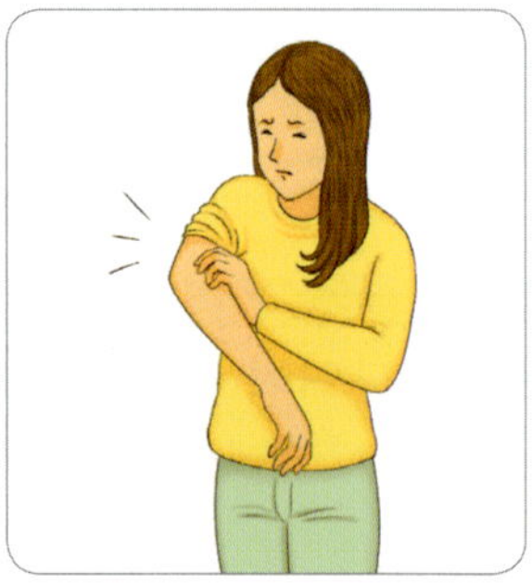

가렵다

· 증상 症状 ·

소화가 안 되다 消化不良だ	감기에 걸리다 風邪を引く	목이 붓다 喉が腫れる
토하다 吐く	콧물이 나다 鼻水が出る	두통이 심하다 頭痛が激しい
배탈이 나다 お腹をこわす	기침이 나다 咳が出る	근육통이 심하다 筋肉痛が激しい
설사를 하다 下痢をする	열이 나다 熱が出る	가렵다 かゆい

연습 1 다음 그림을 보고 〈보기〉와 같이 이야기해 보세요.

次の絵を見ながら例のように話してみましょう。

〈보기〉

가 : 어디가 아파요?

나 : 목이 많이 부었어요.

(1)

(2)

(3)

(4)

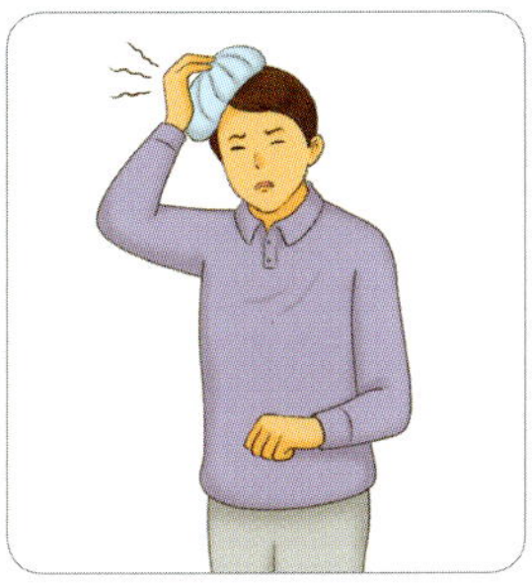

(5)

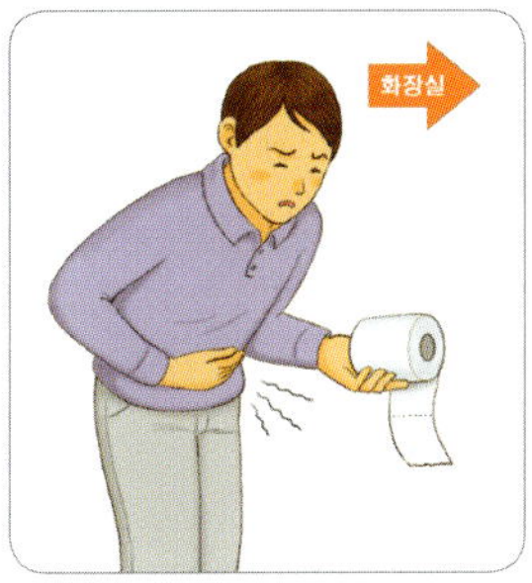

(6)

STEP UP!

症状を表現する '배탈이 나다', '감기에 걸리다', '목이 붓다'は現在の状態を表現する時'배탈이 났어요, 감기에 걸렸어요, 목이 부었어요'のように過去形を使う。

STEP UP!

'붓다(腫れる)'のように 'ㅅ' パッチムのある動詞や形容詞の中には、後ろに母音で始まる語尾と結び付くと 'ㅅ'が脱落するものがある。したがって '붓다'の場合 '부어요, 부었어요, 부을 거예요, 부어서, 부은'というように活用される。(例: 짓다, 낫다)

문법

1. -(으)ㄴ

'-(으)ㄴ'は動詞の語幹について、後ろにくる名詞を修飾し、その動作が過去に起ったり、完了したりしたことを表す。

動詞の語幹の最後の音節	ㄹ以外の받침○	-은	먹다 : 먹 + 은 → 먹은
	ㄹ받침	-ㄴ	만들다 : 만들 + ㄴ → 만든
	받침×		가다 : 가 + ㄴ → 간

(1) 가 : 요즘 감기에 걸린 사람이 많아요.
나 : 날씨가 추워서 그런 것 같아요.

(2) 가 : 이 가방 새로 샀어요?
나 : 아니요. 생일 때 선물로 받은 거예요.

(3) 가 : 누가 백현 씨예요?
나 : 저기 안경을 쓴 사람이 백현 씨예요.

(4) 가 : 이거 제가 만든 건데 한번 드셔 보세요.
나 : 감사합니다. 잘 먹을게요.

새 단어

건데 것인데の縮約形

연습 1 〈보기〉와 같이 쓰세요.

例のように書いてみましょう。

〈보기〉 오다 ⇨ 온 사람

(1) 읽다 ⇨ ………… 책

(2) 보다 ⇨ ………… 영화

(3) 가다 ⇨ ………… 곳

(4) 먹다 ⇨ ………… 것

(5) 하다 ⇨ ………… 일

(6) 만나다 ⇨ ………… 사람

(7) 듣다 ⇨ ………… 이야기

(8) 만들다 ⇨ ………… 빵

연습 2 〈보기〉와 같이 ______ 에 알맞은 말을 넣어 이야기한 후 쓰세요.

例のように ______ に当てはまる言葉を入れて話してみましょう。その後、下線部に書いてみましょう。

〈보기〉

가 : 어제 만난 사람은 어땠어요?

나 : 멋있고 재미있는 사람이라서 마음에 들었어요.

(1) 가 : 주말에 ______ 영화는 재미있었어요?

나 : 네. 아주 좋았어요.

(2) 가 : 뭘 마실래요?

나 : 지난번에 ______ 차가 맛있었어요. 저는 그걸로 할게요.

(3) 가 : 점심 때부터 계속 배가 아파요.

나 : 점심에 ______ 게 너무 매워서 그런 거 아니에요?

(4) 가 : 저기 검정색 양복을 ______ 사람은 누구예요?

나 : 제 여동생의 남편이에요.

(5) 가 : 지난번에 나하고 같이 ______ 노래요, 그거 누구 노래예요?

나 : 한국 가수 김영욱의 노래예요.

(6) 가 : 지난번에 모임에서 같이 ______ 사람은 이름이 뭐예요?

나 : 그 사람 이름은 김수민이에요.

새 단어

점심 때 昼食の時

남편 夫

모임 集まり

문법

文法

2. -(으)면

'-(으)면'は動詞と形容詞の語幹、'名詞+이다'の'名詞+이'について、ある事象に関する仮定や条件を表す。

'-(으)면'の後ろの文には'-(으)ㄹ 거예요'といった推測表現や'-고 싶다'といった希望の表現が主に使われる。

動詞·形容詞の語幹の最後の音節	ㄹ以外の받침○	-으면	먹다: 먹+으면 → 먹으면
	ㄹ받침	-면	만들다: 만들+면 → 만들면
	받침×		크다: 크+면 → 크면
'名詞+이다'の名詞の最後の音節	받침○	-이면	학생이다: 학생 + 이면 → 학생이면
	받침×	-면	교사이다: 교사 + 면 → 교사면

'-(으)면' の前にくる文章の行為や状態が完了した事象を仮定する時には、動詞·形容詞の場合には'-았으면/었으면/였으면'を使い、名詞の場合には'-이었으면/였으면'を使う。

(1) 가 : 두통이 심해서 어제 한숨도 못 잤어요.
나 : 그렇게 계속 아프면 병원에 가세요.

(2) 가 : 복권에 당첨되면 뭐 하고 싶어요?
나 : 만약에 1등에 당첨되면 큰 집을 살 거예요.

(3) 가 : 소리가 좀 크네요.
이어폰으로 그렇게 들으면 귀에 안 좋아요.
나 : 네. 조심할게요.

(4) 가 : 저기요, 신청서를 다 썼는데요.
나 : 다 쓰셨으면 저한테 주세요.

새 단어

복권 宝くじ
당첨되다 当選する
이어폰 イヤホン
신청서 申請書
한숨도 못 자다 一睡もできない

문법

연습 1 〈보기〉와 같이 쓰세요.

例のように書いてみましょう。

〈보기〉 사다 ⇨ 사면

(1) 오다 ⇨ ....

(2) 바쁘다 ⇨ ....

(3) 먹다 ⇨ ....

(4) 걷다 ⇨ ....

(5) 걸다 ⇨ ....

(6) 덥다 ⇨ ....

연습 2 〈보기〉와 같이 .... 에 알맞은 말을 넣어 이야기한 후 쓰세요.
例のように .... に当てはまる言葉を入れて話してみましょう。その後、下線部に書いてみましょう。

〈보기〉
가 : 머리가 너무 아파요.
나 : 두통약을 먹으면 괜찮을 거예요. 이거 드세요.

(1) 가 : 이번 달에 보너스를 .... 뭘 하고 싶어요?
나 : 이번에는 여행을 가고 싶어요.

(2) 가 : 어제 산 옷을 집에서 다시 입어 보니까 마음에 안 들어요. 어떡하지요?
나 : 영수증이 .... 바꿀 수 있으니까 걱정하지 마세요.

(3) 가 : 클래식 음악을 자주 들어요?
나 : 네. 클래식 음악을 .... 기분이 좋아서 자주 들어요.

(4) 가 : 어제 왜 모임에 안 나왔어요?
나 : 일이 많아서요. 일이 일찍 .... 저도 갔을 거예요.

(5) 가 : 실례합니다. 사무실이 어디 있어요?
나 : .... 사무실이 있을 거예요.

(6) 가 : 한국에서 .... 뭘 하고 싶어요?
나 : ....

새 단어

보너스 ボーナス
클래식 クラシック
영수증 領収書

연습 3 여러분은 다음과 같은 상황이면 뭘 하고 싶어요? 〈보기〉와 같이 친구와 이야기해 보세요.

みなさんが次のような状況に置かれたとしたら、何をしたいですか。例のように友だちと話してみましょう。

〈보기〉

가 : 수미 씨는 월급을 지금보다 많이 받으면 뭘 하고 싶어요?
나 : 저는 여행을 갈 거예요.

	뭘 하고 싶어요?
월급을 지금보다 많이 받아요.	여행을 갈 거예요.
배우처럼 예뻐요./멋있어요.	
좋아하는 연예인을 만나요.	
한국어 실력이 늘어요.	
............이/가 돼요.	

새 단어

월급 給料　　실력이 늘다 実力がつく

연습+

練習＋

여러분은 약국에서 어떤 이야기를 합니까? 〈보기〉의 대화를 보고 이야기해 보세요.
みなさんは薬局で何と言いますか。例のように話してみましょう。

〈보기〉

가	나
밥을 먹다, 죽을 먹다	소화가 안 되다, 여러 번 토했다 어제 저녁을 먹다

가　어떻게 오셨어요?

나　소화가 안 되고 여러 번 토했어요.

가　언제부터 안 좋았어요?

나　어제 저녁을 먹은 후부터 소화가 안 돼요.

가　그럼 이 약을 드셔 보세요. 이 약을 드시면 좋아질 거예요.
그리고 오늘은 밥을 먹지 말고 죽을 드세요.

(1)

기	니
말을 많이 하다, 따뜻한 물을 자주 마시다	콧물이 나다, 목도 많이 부었다 주말에 여행을 다녀오다

(2)

가	나
운동하다, 집에서 푹 쉬다	열이 나다, 근육통도 심하다 어제 저녁에 운동을 하다

활동

들어 보세요.

1. 여러분은 병원에 가서 증상을 어떻게 설명합니까?
   みなさんは病院に行ったら、症状をどのように説明しますか。

2. 다음은 병원에서의 대화입니다. 들어 보세요. WAV 28
   次の会話は病院での会話です。聞いてみましょう。

다음 질문에 답하세요. 次の質問に答えてみましょう。

(1) 여자는 어디가 아파서 병원에 갔습니까? 모두 고르세요.

① 
② 
③ 
④ 

(2) 여자는 어떻게 해야 합니까? 모두 고르세요.

① 
② 
③ 
④ 

새 단어

알레르기 アレルギー	절대로 絶対に	손을 씻다 手を洗う
처방하다 処方する	만지다 触る	어디 좀 봅시다. どれ、ちょっと見ましょう。

이야기해 보세요.

1. 여러분은 어디가 자주 아픕니까? 증상은 어떻습니까?

   みなさんはどこがよく痛みますか。症状はどのように出ますか。

2. 친구에게 여러분이 자주 아픈 증상을 이야기하고 친구에게 조언을 들어 보세요. 그리고 친구의 증상을 듣고 조언을 해 주세요.

   友だちに、みなさんがよく痛むところを説明して、友だちに助言を求めてみましょう。また、友だちの症状を聞いてアドバイスしてあげましょう。

읽어 보세요.

1. 여러분은 병원이나 약국에서 질병 예방 안내문을 본 적이 있습니까?
거기에 무슨 내용이 있었습니까?
皆さんは病院や薬局で、病気予防に関するポスターを見たことがありますか?
そこにはどんなことが書かれていましたか。

2. 다음은 약국에 있는 질병 예방 안내문입니다. 읽어 보세요.
次の絵は薬局にある病気予防に関するポスターです。読んでみましょう。

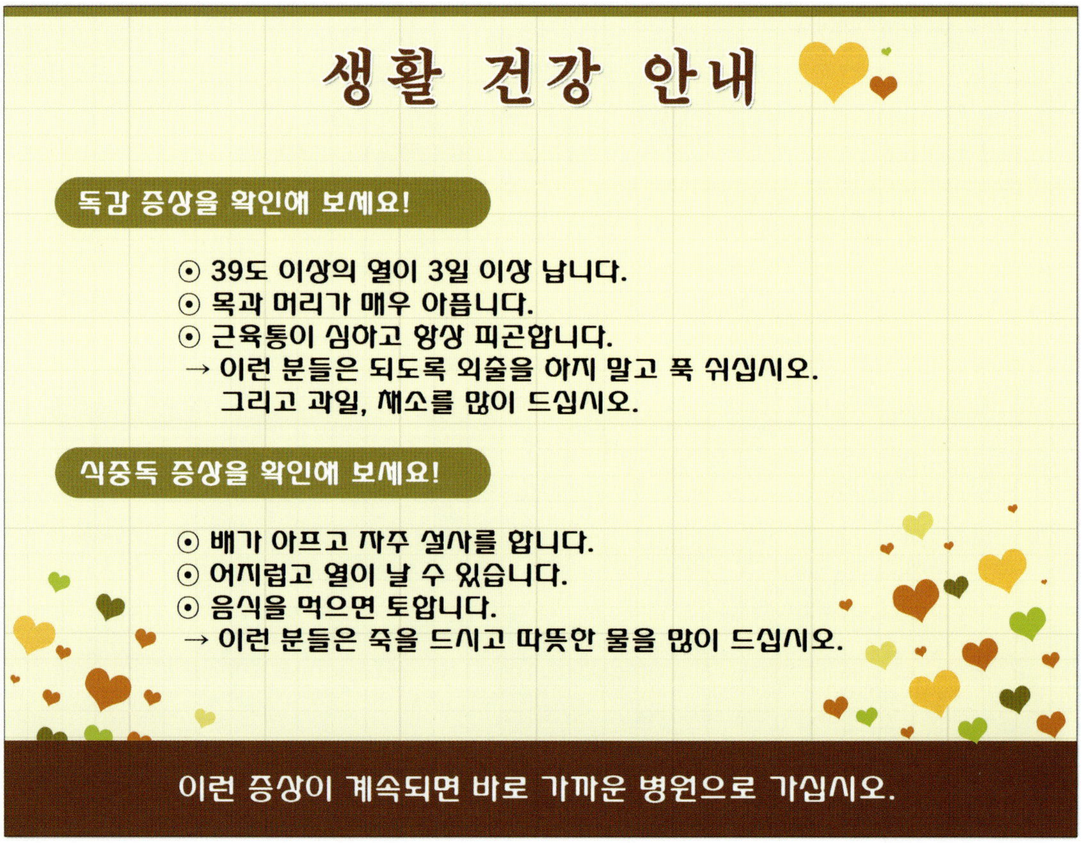

✔ **다음 질문에 답하세요.** 次の文を読んで質問に答えてみましょう。

(1) 독감에 걸리면 어떻게 해야 합니까? 모두 고르세요.

① 집에서 쉽니다.

② 밥 대신 죽을 먹습니다.

③ 과일 주스를 마십니다.

④ 공원에서 가벼운 운동을 합니다.

(2) 식중독의 증상은 무엇입니까? 모두 고르세요.

①

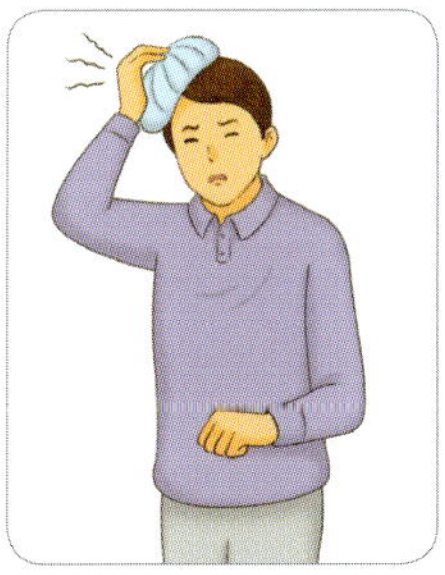

②

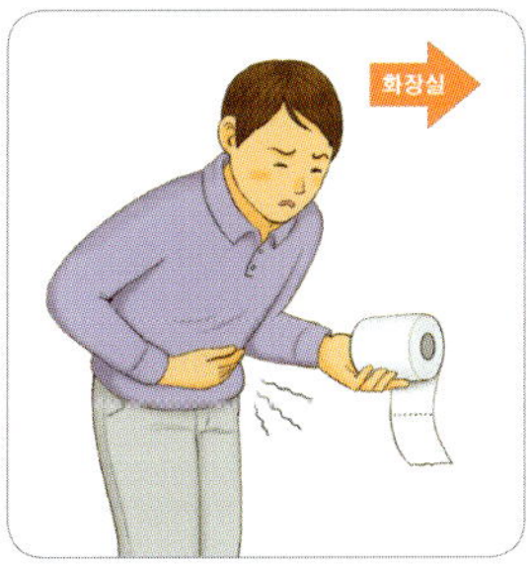

③

④

새 단어

질병 病気

예방 予防

독감 インフルエンザ

-도 -度

이상 以上

매우 非常に

외출 外出

푹 쉬다 ゆっくり休む

채소 野菜

식중독 食中毒

어지럽다 くらくらする

계속되다 続く

바로 直ちに

써 보세요.

1. 여러분은 언제 가장 아팠습니까? 그때 어떻게 했습니까?
아팠던 경험에 대해서 간단하게 메모해 보세요.
みなさんが今までで一番、具合が悪かったり、どこかが痛かったのはいつですか。
その時、どのように対処しましたか? その経験について簡単にメモしてみましょう。

언제	
증상	
치료	

2. 위의 내용을 바탕으로 아팠던 경험에 대해서 써 보세요.
上の内容をもとに、具合いの悪かった経験について書いてみましょう。

발음

発音

✔ 次のパッチム/ㅎ/, /ㄱ/の発音に注意して読んでみましょう。

축하	좋겠어요

/ㅎ/は気息性の強い音であるため、/ㅎ/の前や後ろにある/ㄱ/, /ㄷ/, /ㅂ/, /ㅈ/は/ㅎ/と結合して気息性が強い激音に変わり、それぞれ[ㅋ], [ㅌ], [ㅍ], [ㅊ]と発音されます。つまり、'책하고', '밭하고', '졸업하다', '좋지요'はそれぞれ[채카고], [바타고], [조러파다], [조치요]と発音されます。

したがって、上の例を発音すると次のようになります。

축하[추카]	좋겠어요[조케써요]

✔ 読んでみましょう。 WAV 29

(1) 죽하고 물만 먹었어요.

(2) 따뜻한 유자차를 드세요.

(3) 그 학교는 입학이 어려워요.

(4) 오늘은 날씨가 좋지만 어제는 흐렸어요.

自己評価				
	体の痛い部位や症状を具体的に説明できますか。	☺	😐	☹
	症状を聞いてそれに見合う助言をすることができますか。	☺	😐	☹

문화

文化

✔ 아프거나 다쳤을 때 어느 병원에 가면 될까요? 병원의 종류를 한국어로 어떻게 말할까요?

具合が悪かったり怪我をした時、どの病院に行けば良いでしょうか。韓国語で病院の種類をどのように言うのでしょうか。

韓国も日本と同様に、病院は1, 2, 3次医療機関に分類されます。疾患の重さにより医療機関を選択することになります。風邪や下痢といった症状がある場合には1次医療機関、それよりもう少し重い疾患である場合には2次診療機関、治療が難しい疾患や専門的な検査が必要な疾患の場合には大学病院のような総合病院、すなわち3次診療機関に行くことになります。病院は西洋医と韓方医に分かれていて、韓方の場合、その診療機関を한의원(韓医院)といいます。西洋医の場合、各診療科目は次の通りです。

内科

外科

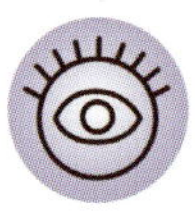
眼科

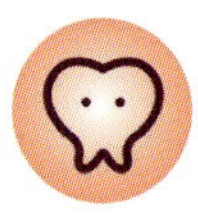
歯科

耳鼻咽喉科

皮膚科

産婦人科

整形外科

形成外科

家庭医学科

✔ 여러분은 어디가 자주 아픕니까? 어느 병원에 가면 좋은지 친구와 이야기해 보세요.

みなさんは、どこがよく痛みますか。どの病院に行けば良いのか 友だちと話してみましょう。

알쏭달쏭 한국어

間違えやすい韓国語

適切な方法を尋ねる日本語表現に'どうすればいいですか'というものがありますよね。この表現を韓国語で直訳してみると'어떻게 하면 좋아요?'となりますが、韓国の人々は適切な解決方法を尋ねる時'어떻게 해야 돼요?'と言います。'-아야/어야/여야 되다'は普通、必ずしなければならないことを表現する時に使われる一方、'어떻게 -아야/어야/여야 돼요?'という表現は適切な方法を尋ねる時に使われます。

연습 次の .... に当てはまる言葉を入れて話してみましょう。

(1) 가 : 이 음식은 처음 먹어 봐요. ....?
나 : 이렇게 먹으면 돼요.

(2) 가 : 여권이 없어졌어요. ....?
나 : 대사관에 전화해 보세요.

正解 (1) 어떻게 먹어야 돼요? (2) 어떻게 해야 돼요?

제8과

한복을 입어 본 적이 있어요.

目標	文化体験に関する語彙と感想の表現を学び、
	自分の文化体験の経験を話し、その感想を言うことができる。
語彙・表現	文化体験、感想
文法	-(으)ㄴ 적이 있다/없다, -아야겠다/어야겠다/여야겠다
発音	口蓋音化
文化	サムルノリ

대화

1

WAV 30

에리카 와, 이 사진 언제 찍은 거예요?
민석 씨가 한복을 입으니까 정말 멋있네요.

민 석 작년 추석에 찍었어요.
에리카 씨는 한복을 입어 본 적이 있어요?

에리카 전에 인사동에 있는 체험관에서 한번 입어 봤는데 외국 사람들이 정말 많았어요.

민 석 아, 그래요? 그런 곳이 있었군요.

에리카 네. 거기에서는 한복도 빌려 주고 사진도 예쁘게 찍어 줘요.
정말 즐거웠어요.

새 단어

한복 韓服	체험관 体験館
추석 秋夕	예쁘게 きれいに

STEP UP!

'예쁘게'は'예쁘다'の'예쁘+-게'の形で、'-게'は形容詞の語幹について、後ろにくる動詞を具体的に説明する時に使われる。

2

WAV 31

켄 토 이거 뭐예요? 예쁘네요.

진 아 제가 만든 꽃병이에요.

켄 토 그래요? 이거 어디에서 만들었어요?

진 아 얼마 전에 이천에서 도자기 축제를 했는데 거기 가서 만든 거예요.

켄 토 이천에서 도자기 축제를 해요?

진 아 네. 도자기도 구경하고 직접 만들 수도 있어요.
저도 처음 가 봤는데 사람들이 즐기는 모습이 참 인상적이었어요.

켄 토 그런데 도자기를 만드는 것은 어렵지 않아요?

진 아 처음이라서 조금 어려웠지만 재미있었어요.

켄 토 그래요? 저도 내년에 한번 가 봐야겠네요.

새 단어

꽃병 花瓶	즐기다 楽しむ
이천 利川(地名)	모습 姿
도자기 陶磁器	인상적이다 印象的だ
축제 お祭り	어렵지 않다 難しくない
직접 直接	

STEP UP!

'어렵지 않다'は'어렵다'の'어렵+-지 않다'の形で、'-지 않다'は動詞、形容詞の語幹について否定の意味を表す。しかし、'-지 않다'が疑問文に使われる場合には、話し手が不確かな事実について確認するという意味になる。

어휘 · 표현

1. 문화 체험

한국 음식을 만들다

한복을 입다

도자기를 만들다

한옥에서 묵다

템플 스테이를 하다

공연을 감상하다

태권도를 배우다

사물놀이를 배우다

· 문화 체험 文化体験 ·

한국 음식을 만들다 韓国料理を作る
한복을 입다 韓服を着る
도자기를 만들다 陶磁器を作る
한옥에서 묵다 韓屋に泊まる
템플 스테이를 하다 テンプルステイをする
공연을 감상하다 公演を鑑賞する
태권도를 배우다 テコンドーを習う
사물놀이를 배우다 サムルノリを習う

연습 1 다음 그림을 보고 〈보기〉와 같이 이야기해 보세요.

次の絵を見ながら例のように話してみましょう。

〈보기〉
가 : 지난 주말에 뭘 했어요?
나 : 공연을 감상했어요.

(1)

(2)

(3)

(4)

(5)

(6)

연습 2 여러분은 한국에서 무엇을 해 봤어요? 일본에서는 어떤 문화 체험을 해 볼 수 있어요? 친구와 이야기해 보세요.

みなさんは韓国でどんな体験をしてみましたか。日本ではどんな文化体験ができますか。
友だちと話してみましょう。

어휘 · 표현

2. 감상

신기하다	특이하다
인상적이다	감동적이다
즐겁다	별로이다
그저 그렇다	실망스럽다

· 감상 感想 ·

신기하다 不思議だ
특이하다 変わっている
인상적이다 印象的だ
감동적이다 感動的だ
즐겁다 楽しい
별로이다 今ひとつだ
그저 그렇다 まあまあだ
실망스럽다 がっかりだ

연습 1 〈보기〉와 같이 ....에 알맞은 말을 넣어 이야기한 후 쓰세요.

例のように ....に当てはまる言葉を入れて話してみましょう。その後、下線部に書いてみましょう。

〈보기〉 가 : 그 영화 어땠어요?
나 : 정말 감동적이었어요. 그래서 사람들이 많이 울었어요.

(1) 가 : 도자기 전시회는 어땠어요?
나 : 좋았어요. 천 년 전에 만든 도자기가 새 것 같아서 ....

(2) 가 : 연극은 재미있었어요?
나 : 배우가 연기를 너무 잘해서 .... 아직도 그 사람 연기가 생각이 나요.

(3) 가 : 어제 여행 다녀왔지요?
나 : 네. 구경도 많이 하고 친구들하고도 친해졌어요. 정말 ....

(4) 가 : 저 가게 빵이 아주 유명해요. 먹어 봤어요?
나 : 네. 그런데 맛이 생각보다 ....

새 단어

연기를 잘하다 演技がうまい

문법

1. -(으)ㄴ 적이 있다/없다

'-(으)ㄴ 적이 있다/없다'は、動詞の語幹について、過去の経験の有無を表す。

動詞の語幹の最後の音節	ㄹ以外の받침○	-은 적이 있다/없다	먹다 : 먹+은 적이 있다/없다 → 먹은 적이 있다/없다
	ㄹ받침	-ㄴ 적이 있다/없다	만들다 : 만들 + ㄴ 적이 있다/없다 → 만든 적이 있다/없다
	받침×		가다 : 가+ㄴ 적이 있다/없다 → 간 적이 있다/없다

(1) 가 : 저 분을 전에 만난 적이 있어요?
나 : 아니요. 오늘 처음 만났어요.

(2) 가 : 광주에 가 본 적이 있어요?
나 : 아니요. 가 본 적이 없어요.

(3) 가 : 태권도를 배워 본 적이 있어요?
나 : 네. 전에 한국에서 유학할 때 배워 본 적이 있어요.

(4) 가 : 어제 연등 만들기 체험을 하고 왔어요.
나 : 그래요? 저도 전에 절에 가서 연등을 만든 적이 있어요.

새 단어

유학하다 留学する	연등 提灯	체험을 하다 体験をする
광주 光州(地名)	절 お寺	

연습 1 〈보기〉와 같이 쓰세요.

例のように書いてみましょう。

〈보기〉 가다 ⇨ 간 적이 있어요 간 적이 없어요

(1) 먹다 ⇨ ....

(2) 보다 ⇨ ....

(3) 만나다 ⇨ ....

(4) 일하다 ⇨ ....

(5) 만들다 ⇨ ....

(6) 살다 ⇨ ....

(7) 받다 ⇨ ....

(8) 듣다 ⇨ ....

연습 2 〈보기〉와 같이 ______ 에 알맞은 말을 넣어 이야기한 후 쓰세요.

例のように ______ に当てはまる言葉を入れて話してみましょう。その後、下線部に書いてみましょう。

〈보기〉
가 : 부산에 가 봤어요?
나 : 네. 친구가 부산에 살아서 한 번 간 적이 있어요.

(1) 가 : 한국에서 아르바이트를 해 봤어요?
나 : 네. 2, 3년 전에 수영장에서 ______.

(2) 가 : 수정과를 먹어 봤어요?
나 : 네. 전에 한 번 ______. 꽤 맛있었어요.

(3) 가 : 일본에서 한국에 전화하면 요금이 많이 나와요?
나 : 글쎄요. 저는 국제전화를 ______. 그래서 잘 모르겠어요.

(4) 가 : 영어를 잘 하네요. 전에 외국에서 살았어요?
나 : 네. 대학교 때 1년 동안 미국에서 ______.

(5) 가 : 저 사람 알아요?
나 : 전에 봉사활동을 하러 가서 ______ 이름은 기억이 안 나요.

(6) 가 : 고등학교 때 ______?
나 : ______.

새 단어

수정과 水正果(飲み物)	국제전화 国際電話
요금이 나오다 値段がかかる	봉사활동을 하다 ボランティアをする

연습 3 친구들은 어떤 체험을 해 봤을까요? 그때 어땠을까요? 〈보기〉와 같이 친구와 이야기해 보세요.

友だちはどんな体験をしたことがあるでしょうか。その時の感想はどうだったのでしょうか。例のように友だちと話してみましょう。

〈보기〉

가 : 후지산에 올라가 본 적이 있어요?

나 : 네. 저는 3년 전에 후지산에 올라간 적이 있어요. 경치가 정말 아름다워서 인상적이었어요.

문법

2. -아야겠다/어야겠다/여야겠다

'-아야겠다/어야겠다/여야겠다'は動詞の語幹について、話している時の状況や状態を根拠に、話し手がある行動をしなくてはいけないという意志を表現する時に使われる。

動詞の語幹の最後の音節			
動詞の語幹の最後の音節	ㅏ, ㅗ ○	-아야겠다	받다 : 받 + 아야겠다 → 받아야겠다
	ㅏ, ㅗ ×	-어야겠다	읽다 : 읽 + 어야겠다 → 읽어야겠다
	하다 ○	-여야겠다	하다 : 하 + 여야겠다 → 하여야겠다 → 해야겠다

ある行動をしてはいけないという意志を表現する時は'-지 말아야겠다'を使う。

(1) 가 : 도자기 체험은 예약을 하면 할인이 돼요.
나 : 그래요? 그럼 가기 전에 꼭 예약해야겠네요.

(2) 가 : 여기는 특히 과일이 싸요.
나 : 그러네요. 저도 과일 좀 사야겠어요.

(3) 가 : 이번 학기 성적은 어때요?
나 : 별로 안 좋아요. 다음 학기에는 열심히 공부해야겠어요.

(4) 가 : 눈이 많이 왔네요.
나 : 그래요? 그럼 오늘은 운전을 하지 말아야겠네요.

새 단어

예약하다 予約する　　학기 学期　　성적 成績

연습 1 〈보기〉와 같이 쓰세요.

例のように書いてみましょう。

〈보기〉 가다 ⇨ 가야겠어요

(1) 보다 ⇨ ....

(2) 읽다 ⇨ ....

(3) 마시다 ⇨ ....

(4) 공부하다 ⇨ ....

(5) 만들다 ⇨ ....

(6) 듣다 ⇨ ....

연습 2 〈보기〉와 같이 ________에 알맞은 말을 넣어 이야기한 후 쓰세요.

例のように________に当てはまる言葉を入れて話してみましょう。その後、下線部に書いてみましょう。

〈보기〉
가 : 가수 김현수의 새 노래 들어 봤어요? 정말 좋아요.
나 : 그래요? 그럼 나도 들어 봐야겠어요.

(1) 가 : 오늘 많이 피곤해요? 아까부터 하품만 하네요.
나 : 네. 어제 잠을 못 자서 좀 졸려요. 커피 좀 ________.

(2) 가 : 시간이 벌써 이렇게 됐네요. 전 이제 그만 ________.
나 : 오늘 즐거웠어요. 다음에 또 놀러 오세요.

(3) 가 : 밖에 비가 오네요. 우산을 ________.
나 : 꼭 가져가세요. 많이 올 것 같아요.

(4) 가 : 여권 사진은 꼭 귀가 보여야 돼요. 이 사진에는 귀가 안 나왔네요.
나 : 그래요? 그럼 사진을 다시 ________.

(5) 가 : 다음 주에 같이 수영장에 갈래요?
나 : 네, 좋아요. 그런데 수영복이 없으니까 ________.

(6) 가 : 요즘 날씨가 좋으니까 ________.
나 : 저도 요즘 조깅을 하는데 기분이 참 좋아요. 한번 해 보세요.

연습 3 여러분은 친구에게 어떤 체험 활동을 추천해 주고 싶어요?
〈보기〉와 같이 친구와 이야기해 보세요.
みなさんは友だちにどんな体験をおすすめしたいですか。例のように友だちと話してみましょう。

〈보기〉

가 : '가족'이라는 영화를 본 적이 있어요?
나 : 아니요. 본 적이 없어요.
가 : 그 영화는 배우들이 연기도 잘하고,
스토리도 아주 재미있어요.
꼭 한번 보세요.
나 : 그래요? 그럼 저도 꼭 한번 봐야겠어요.

새 단어

졸리다 眠い
하품을 하다 あくびをする
여권 パスポート
보이다 見える
수영복 水着
조깅 ジョギング
시간이 이렇게 됐네요. こんな時間になりました

연습+ 練習+

여러분은 어떤 문화 체험을 해 봤습니까? 〈보기〉의 대화를 보고 이야기해 보세요.
みなさんはどんな文化体験をしてみましたか。例のように話してみましょう。

〈보기〉

가	나
한국 음식을 만들다	전에 요리 동아리 활동을 하다, 만들다 아주 재미있다

가 한국 음식을 만들어 본 적이 있어요?

나 전에 요리 동아리 활동을 할 때 만들어 본 적이 있어요.

가 한국 음식을 만드는 것은 어렵지 않아요?

나 좀 어렵지만 아주 재미있어요.

가 저도 한번 만들어 봐야겠어요.

(1)

가	나
태권도를 배우다	전에 한국에서 유학하다, 배우다 건강도 좋아지고 아주 재미있다

(2)

가	나
사물놀이를 배우다	한국에서 한국어를 공부하다, 배우다 여러 명이 함께 배우니까 즐겁다

새 단어

여러 명 数人

활동 活動

들어 보세요.

1. 여러분은 한국 문화 체험을 많이 해 봤습니까? 템플 스테이 체험에 대해서 이야기한다면 어떤 말을 할까요?
   みなさんは韓国文化体験をたくさんしましたか。テンプルステイ体験について話すとしたら、どんなことを話しますか。

2. 다음은 친구와의 대화입니다. 들어 보세요. WAV 32
   次の会話は友だちとの会話です。聞いてみましょう。

다음을 읽고 들은 내용과 같으면 ○, 다르면 ×에 표시하세요
次の文を読んで、内容と一致する場合は○、一致しない場合は×にチェックを入れてみましょう。

(1) 남자는 전에 템플 스테이를 해 본 적이 있습니다. ○ ×

(2) 여자는 절에서 먹은 음식이 맛있어서 좋았습니다. ○ ×

(3) 여자는 절의 분위기가 마음에 들지 않았습니다. ○ ×

새 단어

분위기 雰囲気
사찰 음식 精進料理
조용하다 静かだ
알아보다 調べる

이야기해 보세요.

1. 여러분은 일본이나 한국에서 어떤 문화 체험을 해 봤습니까?
   구체적으로 어떤 활동을 했습니까? 그때 어땠습니까?
   みなさんは日本や韓国でどんな文化体験をしてみましたか。
   それは具体的にどんな活動でしたか。その時の感想はどうでしたか。

2. 여러분이 해 본 문화 체험에 대해서 친구와 이야기한 후 발표해 보세요.
   みなさんが経験した文化体験について友だちと話してみましょう。そして、その後、発表してみましょう。

읽어 보세요.

1. 여러분은 체험 감상문을 읽어 본 적이 있습니까? 무슨 내용이 있었습니까?
   みなさんは体験感想文を読んだことがありますか。どんな内容でしたか。

2. 다음은 체험 감상문입니다. 읽어 보세요.
   次の文章は体験の感想文です。読んでみましょう。

저는 지난주에 사물놀이를 배우고 왔습니다. 저는 전에 사물놀이 공연을 본 적이 없어서 사물놀이에 별로 관심이 없었습니다. 그런데 친구 중에 사물놀이를 배우는 친구가 있어서 그 친구를 따라갔습니다.

저는 사물놀이 악기 중에서 장구 치는 방법을 배웠습니다. 제가 전에 드럼 치는 것을 배운 적이 있어서 장구도 쉽게 배울 수 있을 것 같았습니다. 그런데 장구 치는 것은 드럼 치는 것하고 많이 달라서 생각보다 힘들었습니다. 그렇지만 점점 사물놀이의 리듬을 즐길 수 있었습니다.

사물놀이는 혼자 하는 것이 아닙니다. 여러 명이 함께 하나의 음악을 만드는 것이 아주 즐거웠습니다.

지난주 이후로 저는 사물놀이에 관심이 생겼습니다. 앞으로 다른 한국 전통 악기도 배워 봐야겠습니다.

활동

✔ 다음을 읽고 위의 내용과 같으면 ○, 다르면 ×에 표시하세요.

次の文を読んで内容と一致する場合は○、一致しない場合は×にチェックを入れてみましょう。

(1) 이 사람은 전부터 사물놀이에 관심이 있었습니다. ○ ×

(2) 이 사람은 장구 치는 것을 쉽게 배웠습니다. ○ ×

(3) 이 사람은 여러 명이 함께 할 수 있는 사물놀이를 마음에 들어했습니다. ○ ×

새 단어

관심이 없다/생기다/있다 興味がない/生じる/ある

악기 楽器

장구를 치다 チャングを打つ

리듬 リズム

드럼 ドラム

전통 伝統

써 보세요.

1. 여러분은 문화 체험을 해 본 적이 있습니까? 간단하게 메모해 보세요.

みなさんは文化体験をしたことがありますか。簡単にメモしてみましょう。

언제	
체험한 장소	
체험 종류	
한 일	
감상	

2. 위의 내용을 바탕으로 문화 체험 경험을 소개하는 글을 써 보세요.

上の内容をもとに、文化体験の経験を紹介する文章を書いてみましょう。

발음

発音

✔ 次の単語を/이/の発音に注意して読んでみましょう。

해돋이	같이

パッチム /ㄷ/, /ㅌ/の後ろに母音‘-이’がくると /ㄷ/, /ㅌ/が /ㅈ/, /ㅊ/と発音されます。
したがって上の例を発音すると次のようになります。

해돋이 [해도지]	같이 [가치]

✔ 読んでみましょう。 WAV 33

(1) 해돋이를 보러 같이 가요.

(2) 이곳은 전에 녹차 밭이었어요.

(3) 저 문은 아까부터 닫혀 있었어요.

自己評価	文化体験に関する経験を話すことができますか。	☺	😐	☹
	自分の経験に関する感想を具体的に話すことができますか。	☺	😐	☹

문화 文化

✔ 여러분은 사물놀이 공연을 본 적이 있습니까?

みなさんはサムルノリの演奏を見たことがありますか。

韓国の代表的な伝統公演のひとつにサムルノリを挙げることができます。サムルノリは、その名称通り4種類の楽器で演奏する公演を指します。 サムルノリは屋外で行われていた大規模な構成のプンムルノリを、1978年に舞台芸術として脚色したものです。サムルノリに使われる4種類の楽器は次の通りです。

북

장구

징

꽹과리

サムルノリの4つの楽器は、俗に自然に比喩されます。プクの音は雲、チャングの音は雨、チンの音は風、クェンガリの音は雷のようだとされ、 운우풍뢰(雲雨風雷)と言われています。

✔ 일본에는 어떤 전통 공연이 있습니까? 이야기해 보세요.

日本にはどんな伝統公演がありますか。話してみましょう。

제9과

소포를 보내고 싶은데요.

目標	銀行業務と郵便局業務に関する語彙を学び、 銀行や郵便局で用事を済ませることができる。
語彙・表現	銀行業務, 郵便局業務
文法	-(으)ㄹ, -아도/어도/여도 되다
発音	/ㄹ-ㄹ/
文化	韓国の通貨

대화

1

WAV 34

직 원 어서 오세요. 뭘 하실 겁니까?

켄 토 환전을 하려고 하는데요.

직 원 뭘로 바꾸시겠습니까?

켄 토 이것 모두 원으로 바꿔 주세요.

직 원 모두 만 원짜리로 드려도 되지요?

켄 토 네, 모두 만 원짜리로 주세요.

직 원 네, 알겠습니다. 신분증 좀 보여 주십시오.

켄 토 여권도 되지요?

직 원 네, 괜찮습니다.

새 단어

직원 職員
환전하다 両替する
하려고 하다 しようと思う
엔 円
원 ウォン
-짜리 -に値する物もの(札、玉)
신분증 身分証
보여 주십시오. 見せてください。
-(으)로 바꾸다 -に替える

STEP UP!

'하려고 하다'は '하다'の'하+-(으)려고 하다'の形で、'-(으)려고 하다'は動詞の語幹について、そのようにしようとする話者の意思を表す。

2

WAV 35

직 원 어서 오세요. 어떻게 오셨습니까?

에리카 소포를 보내고 싶은데요.

직 원 이 안에 뭐가 들어 있습니까?

에리카 화장품이요.

직 원 어디로 보내실 겁니까?

에리카 일본으로 보낼 건데요.

직 원 이 위에 올려놓으십시오. 만 오천 원입니다.
손님, 여기 받으실 분 성함을 안 쓰셨네요.

에리카 네, 알겠습니다. 저기, 일본까지 얼마나 걸릴까요?

직 원 사흘쯤 걸립니다.

새 단어

소포 小包
들어 있다 入っている
받으시다 受け取りになる
분 方
성함 お名前
사흘 三日
올려놓으십시오. (ーの上に)置いてください。
-(으)로 보내다 -に送る

어휘 · 표현

1. 은행 업무

통장을 만들다	돈을 넣다	환전하다
현금카드를 만들다	돈을 찾다	인터넷뱅킹을 신청하다
체크카드를 만들다	돈을 보내다	분실 신고를 하다
신용카드를 만들다	계좌이체를 하다	재발급을 받다

· 은행 업무 銀行業務 ·

통장을 만들다 通帳を作る	돈을 넣다 入金する	환전하다 両替する
현금카드를 만들다 現金カードを作る	돈을 찾다 お金を引き出す	인터넷뱅킹을 신청하다 インターネットバンキングを申し込む
체크카드를 만들다 チェックカードを作る	돈을 보내다 送金する	분실 신고를 하다 紛失届けを出す
신용카드를 만들다 クレジットカードを作る	계좌이체를 하다 振り込みをする	재발급을 받다 再発行を受ける

연습 1 〈보기〉와 같이 이야기해 보세요.

例のように話してみましょう。

〈보기〉 돈을 보내다	가 : 뭘 하실 겁니까? 나 : 돈을 보내려고 하는데요.

(1) 돈을 찾다

(2) 환전하다

(3) 분실 신고를 하다

(4) 통장을 만들다

어휘 · 표현

2. 우체국 업무

우표를 사다	카드를 보내다
연하장을 사다	소포를 보내다
편지를 보내다	택배를 보내다
엽서를 보내다	국제 특급 우편(EMS)을 보내다

· 우체국 업무 郵便局業務 ·

우표를 사다 切ってを買う	엽서를 보내다 葉書を送る	택배를 보내다 宅急便を送る
연하장을 사다 年賀状を買う	카드를 보내다 カードを送る	국제 특급 우편(EMS)을 보내다 国際スピード郵便(EMS)を送る
편지를 보내다 手紙を送る	소포를 보내다 小包を送る	

연습 1 〈보기〉와 같이 이야기해 보세요.

例のように話してみましょう。

〈보기〉 **소포를 보내다**	가 : 어떻게 오셨습니까? 나 : 소포를 보내고 싶은데요.

(1) 우표를 사다

(2) 연하장을 사다

(3) 택배를 보내다

(4) 국제 특급 우편을 보내다

문법

1. -(으)ㄹ

'-(으)ㄹ'は動詞の語幹について、後ろにくる名詞を修飾し、将来起きることを表す。

動詞の語幹の最後の音節	ㄹ以外の받침○	-을	먹다 : 먹 + 을 → 먹을
	ㄹ받침	-ㄹ	만들다 : 만들 + ㄹ → 만들
	받침×		가다 : 가 + ㄹ → 갈

(1) 가 : 손님, 받으실 분의 계좌 번호를 써 주세요.
나 : 네. 알겠습니다.

(2) 가 : 혹시 커피 마실 사람 있어요? 제가 사 올게요.
나 : 저요. 따뜻한 카페라테로 부탁해요.

(3) 가 : 다음 달에 대전으로 내려가지요? 살 집은 구했어요?
나 : 네, 회사 근처로 구했어요.

(4) 가 : 명동에 가서 뭐 했어요?
나 : 친구도 만나고 어머니께 드릴 선물도 샀어요.

새 단어

계좌 번호 口座番号　　대전 大田(地名)　　내려가다 (地方や田舎へ)行く

연습 1 〈보기〉와 같이 쓰세요.

例のように書いてみましょう。

〈보기〉 읽다 ⇨ 읽을 책

(1) 보다 ⇨ .... 영화

(2) 입다 ⇨ .... 옷

(3) 만나다 ⇨ .... 사람

(4) 공부하다 ⇨ .... 책

(5) 만들다 ⇨ .... 음식

(6) 듣다 ⇨ .... 이야기

연습 2 〈보기〉와 같이 ________ 에 알맞은 말을 넣어 이야기한 후 쓰세요.

例のように ________ に当てはまる言葉を入れて話してみましょう。その後、下線部に書いてみましょう。

〈보기〉 가 : 저 커피 사러 가는데 커피 마실 사람 없어요?
나 : 그럼 저도 하나 부탁할게요.

(1) 가 : 어디 가요?
나 : 저녁에 ________ 음식을 사러 슈퍼마켓에 가요.

(2) 가 : 오늘 회식 때 올 거지요?
나 : 저는 ________ 일이 많아서 갈 수 없어요.

(3) 가 : 후지산에 갈 때 특별히 ________ 것이 있어요?
나 : 봄이지만 좀 추울 수 있으니까 따뜻한 옷을 꼭 준비해 가세요.

(4) 가 : 웬 책이 이렇게 많아요?
나 : 이번 휴가 때 ________ 책들이에요. 도서관에서 한꺼번에 빌려 왔어요.

새 단어

웬 どうした　　한꺼번에 一度に　　빌려 오다 借りてくる

문법

文法

2. -아도/어도/여도 되다

'-아도/어도/여도 되다'は動詞の語幹について、その動作の許可を求めたり、許可をしたりする時に使われる。

動詞の語幹の最後の音節	ㅏ, ㅗ ○	-아도 되다	앉다 : 앉 + 아도 되다 → 앉아도 되다
	ㅏ, ㅗ ×	-어도 되다	먹다 : 먹 + 어도 되다 → 먹어도 되다
	하다 ○	-여도 되다	하다 : 하 + 여도 되다 → 하여도 되다 → 해도 되다

(1) 가 : 도장 대신 사인을 해도 돼요?
나 : 네, 사인을 하셔도 됩니다.

(2) 가 : 이 신문 좀 봐도 되지요?
나 : 네, 보셔도 돼요.

(3) 가 : 여기에서 담배를 피워도 됩니까?
나 : 여기는 금연 구역이라서 담배를 피우시면 안 됩니다.

(4) 가 : 지금은 좀 바쁜데 이따가 전화 드려도 될까요?
나 : 그럼요. 시간 괜찮으실 때 전화 주세요.

새 단어

도장 印鑑
사인을 하다 サインをする
담배를 피우다 タバコを吸う
피우면 안 되다 吸ってはいけない
금연 구역 禁煙区域
전화 드리다 お電話する
전화 주다 電話をくれる

STEP UP!

'피우면 안 되다'は '피우다'の'피우+-(으)면 안 되다'の形で、'-(으)면 안 되다'は動詞と形容詞の語幹、'名詞+이다'の'名詞+이'について、ある行動や状態を許可しないときに使われる。

문법

연습 1 〈보기〉와 같이 쓰세요.

例のように書いてみましょう。

〈보기〉 가다 ⇨ 가도 돼요

(1) 보다 ⇨ ……………………

(2) 먹다 ⇨ ……………………

(3) 마시다 ⇨ ……………………

(4) 쓰다 ⇨ ……………………

(5) 열다 ⇨ ……………………

(6) 듣다 ⇨ ……………………

(7) 주다 ⇨ ……………………

(8) 하다 ⇨ ……………………

연습 2 〈보기〉와 같이 .... 에 알맞은 말을 넣어 이야기한 후 쓰세요.
例のように .... に当てはまる言葉を入れて話してみましょう。その後、下線部に書いてみましょう。

〈보기〉
가 : 먼저 가도 돼요?
나 : 네. 먼저 가세요.

(1) 가 : 이 사전 좀 잠깐 ....?
나 : 그럼요. 보세요.

(2) 가 : 좀 쌀쌀한 것 같은데 창문 좀 ....?
나 : 네. 닫으세요.

(3) 가 : 여기에서 사진을 ....?
나 : 죄송합니다. 사진 촬영은 금지입니다.

(4) 가 : 잠깐 화장실에 ....?
나 : 네. 다녀오세요.

(5) 가 : 필통을 안 가져와서 그러는데 이 볼펜 좀 ....?
나 : 네. 쓰세요.

(6) 가 : 오늘 ....?
나 : ....

새 단어

먼저 先に	금지 禁止	가져오다 持ってくる
쌀쌀하다 肌寒い	다녀오다 行ってくる	꼭 必ず
촬영 撮影	필통 筆箱	

연습 3 〈보기〉와 같이 친구에게 허락을 구해 보세요. 친구가 허락했으면 ○, 허락하지 않았으면 ×로 표시하세요.

例のように友だちに許可を求めてみましょう。友だちが許可した場合は○, 許可しなかった場合は×を書き入れてください。

〈보기〉
가 : 먼저 가도 돼요?
나 : 네. 먼저 가도 돼요. / 아니요. 안 돼요.

이름 / 내용	1.	2.	3.
먼저 가다			

연습+

練習＋

여러분은 우체국에서 어떻게 이야기합니까? 〈보기〉의 대화를 보고 이야기해 보세요.
みなさんは郵便局でどのように話しますか。例のように話してみましょう。

〈보기〉

가	나
보내다 16,000 3일	소포를 보내다 김치, 보내다 일본 나고야

가 어서 오세요. 어떻게 오셨습니까?

나 소포를 보내고 싶은데요.

가 이 안에 뭐가 들어 있습니까?

나 김치가 들어 있는데 보내도 되지요?

가 네. 보내도 됩니다. 어디로 보내실 겁니까?

나 일본 나고야로 보낼 겁니다.

가 여기에 올려놓으십시오.

〈잠시 후〉

가 만 육천 원입니다.

나 일본까지 얼마나 걸릴까요?

가 삼 일쯤 걸립니다.

(1)

가	나
보내다 5,800 이틀	택배를 보내다 컵, 보내다 일본 도쿄

(2)

가	나
부치다 21,000 일주일	서류를 보내다 증명서, 부치다 일본 삿포로

새 단어

이틀 二日

활동

들어 보세요.

1. 여러분은 환전을 할 때 어떤 이야기를 주고 받습니까?
   みなさんは両替をする時、どんな会話をしますか。

2. 다음은 환전을 하는 대화입니다. 들어 보세요. WAV 36
   次の会話は両替をする際の会話です。聞いてみましょう。

다음을 읽고 들은 내용과 같으면 ○, 다르면 ×에 표시하세요.
次の文を読んで、内容と一致する場合は○、一致しない場合は×にチェックを入れてみましょう。

(1) 남자는 오만 엔을 원으로 바꿨습니다. ○ ×

(2) 남자는 여권을 가지고 은행에 갔습니다. ○ ×

새 단어

갖고 계시다	お持ちになる	외국인등록증	外国人登録証

이야기해 보세요.

1. 여러분은 은행이나 우체국에서 무엇을 하고 싶습니까?
   みなさんは銀行や郵便局にどんな用事がありますか。

2. 은행이나 우체국의 직원과 손님이 되어 이야기해 보세요.
   銀行や郵便局の職員とお客さんになって、話してみましょう。

활동

읽어 보세요.

1. 여러분은 한국에서 현금자동인출기(ATM)를 이용해 본 적이 있습니까? 어떤 업무를 할 수 있습니까?
みなさんは韓国で現金自動預け払い機(ATM)を利用したことがありますか。
どのような用事を済ませることができますか。

2. 다음은 현금자동인출기(ATM)의 화면입니다. 읽어 보세요.
次の絵は現金自動預け払い機(ATM)の画面です。読んでみましょう。

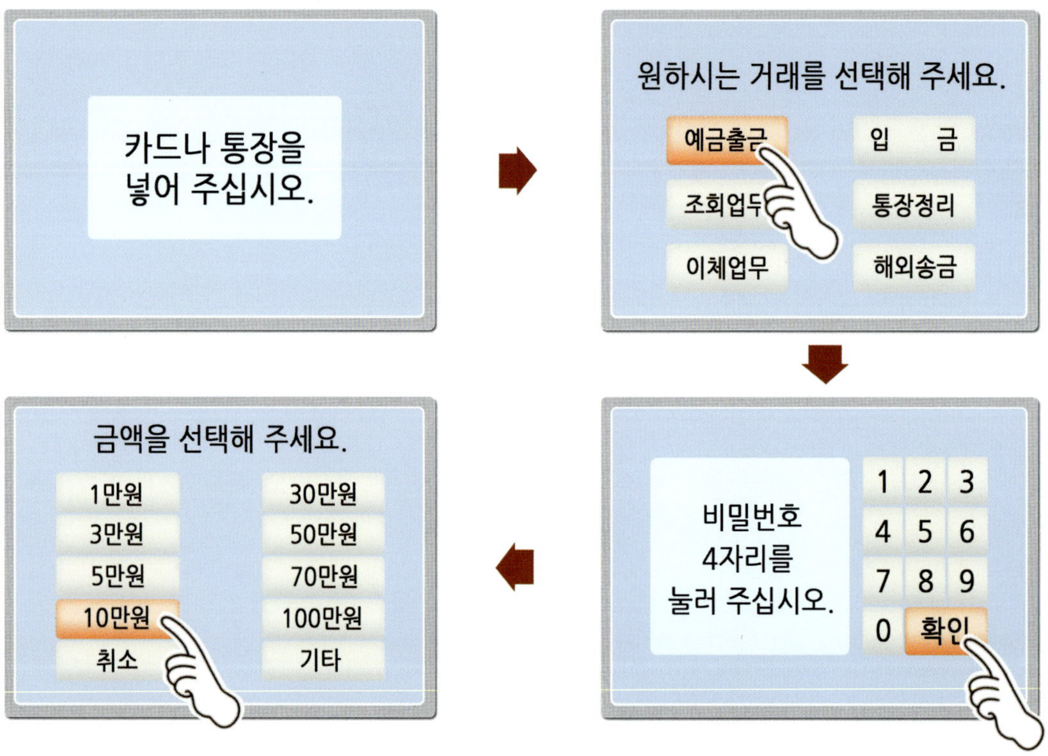

✔ 다음 질문에 답하세요. 次の質問に答えてみましょう。

(1) 이 사람은 현금자동인출기에서 무엇을 했습니까?

새 단어

원하다 希望する
거래 取引き
선택하다 選択する
예금 출금 お引出し
입금 お預入れ
조회 업무 照会業務
통장 정리 記入
해외 송금 海外送金
비밀 번호 暗証番号
4(네) 자리 4桁
누르다 押す
확인 確認
금액 金額
취소 キャンセル
기타 その他

활동 活動

써 보세요.

1. 여러분은 보통 무엇을 하러 은행이나 우체국에 갑니까?
그때 구체적으로 어떤 활동을 하는지 메모해 보세요.
みなさんは、通常、何をしに銀行や郵便局へ行きますか。その時、具体的にどんなことをするのかメモしてみましょう。

2. 위의 내용을 바탕으로 은행이나 우체국에서 한 경험에 대해서 써 보세요.
上の内容をもとに、銀行や郵便局での経験について書いてみましょう。

발음

発音

次の /ㄹ/の発音に注意して読んでみましょう。

달라요	달아요

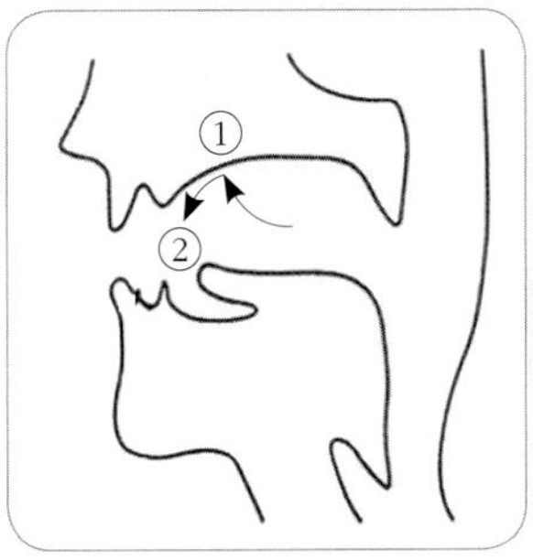

音節のパッチム、すなわち終声が/ㄹ/で終わり、そのすぐ後ろの音節の初声が/ㄹ/で始まる場合、パッチム/ㄹ/の音は舌先を上歯ぐきの内側(図①の位置)に付けた状態から2番目の音節の初声である/ㄹ/を発音(図②の位置)しなければなりません。

日本人学習者の場合、パッチム/ㄹ/の音を出す時、上の歯、または上歯ぐきに舌先を当てた状態を維持しなければならないのに、これがすぐに離れ後ろの音節の初声である/ㄹ/ 音を発音する傾向があり、これによりパッチム/ㄹ/ 音が破裂して聞こえます。例えば'달라요'の場合[다르라요]のように4音節に聞こえたり、[다라요]のようにパッチムを発音していないかのように聞こえることがあるので注意が必要です。

んでみましょう。 WAV 37

(1) 랄랄라 - 빨리 - 실력 - 얼른

(2) 더운데 창문 좀 열래요?

(3) 매운 음식을 별로 안 좋아해요.

自己評価				
	郵便局で手紙や小包を送ることができますか。	☺	😐	☹
	銀行で両替をしたりお金を引き出したりすることができますか。	☺	😐	☹

문화

文化

한국의 화폐에는 어떤 것들이 있습니까? 한국 화폐에 있는 인물은 누구일까요?

韓国の貨幣にはどんな種類がありますか? 韓国貨幣に描かれている人物は誰でしょうか。

韓国の貨幣は硬貨と紙幣があります。実際に使われている硬貨は10ウォン、50ウォン、100ウォン、500ウォンがあり、10ウォンには다보탑(多宝塔)、50ウォンには벼이삭(稲穂)、100ウォンには이순신(李舜臣)将軍がそれぞれ描かれています。また、紙幣では千ウォン、五千ウォン、一万ウォン、五万ウォンがあり、千ウォン札には이황(李滉)、五千ウォン札には이이(李珥)、一万ウォン札には、みなさんもよく知っている세종대왕(世宗大王)が描かれています。2009年6月から発行されている五万ウォン札には신사임당(申師任堂)が描かれています。이황, 이이は朝鮮時代の著名な儒教学者で、세종대왕はハングルを発明した朝鮮時代の偉大な王です。신사임당は五千ウォン札に描かれている이이の母で、詩、絵、書道に優れた人物です。韓国の貨幣に描かれている人物は全員、朝鮮時代の人物だという共通点があります。

일본의 화폐에는 어떤 그림이 그려져 있습니까? 소개해 보세요.

日本の貨幣にはどんな絵が描かれていますか。紹介してみましょう。

Memo

제10과

진아 씨 고향은 어디예요?

目標	都市の位置と、その特徴を説明する表現を学び、 故郷を他の都市と比較したり、近年の変化を紹介したりすることができる。
語彙·表現	方位, 都市の特徴
文法	-만큼, -아지다/어지다/여지다
発音	ㅎ弱音化
文化	韓国の行政区域

대화

1

WAV 38

민 석 켄토 씨, 휴가 잘 보냈어요?

켄 토 네. 고향에 가서 푹 쉬었어요.

민 석 켄토 씨 고향은 어디예요?

켄 토 요코하마예요. 고등학교 때까지 거기에서 쭉 자랐어요.

민 석 그래요? 요코하마는 어디에 있어요?

켄 토 도쿄 남쪽에 있는데 전철로 한 시간 정도 걸려요.

민 석 가깝네요. 요코하마도 도쿄만큼 큰 도시예요?

켄 토 그 정도는 아니고요, 인구가 한 사백만 명쯤 돼요.

새 단어

요코하마 横浜	남쪽 南	인구 人口
쭉 ずっと	전철 電車	한 おおよそ
자라다 育つ	도시 都市	인구가 -명쯤 되다 人口が -人ほどである

2

WAV 39

에리카　진아 씨 고향은 어디예요?

진 아　경북 영주예요.

에리카　영주요? 영주는 어떤 곳이에요?

진 아　작고 조용한 소도시인데 사과로 유명해요.
아, 여름에 무척 더운 것으로도 유명하고요.

에리카　고향에는 자주 가요?

진 아　아니요. 자주 못 가는데 갈 때마다 놀라요.
새로운 관광지도 많이 생기고, 그래서 그런지 찾아오는 사람들도 많아졌어요.

새 단어

경북 慶尚北道の略語(行政區域名)
영주 永州(地名)
소도시 小都市
놀라다 びっくりする
새롭다 新しい
관광지 観光地
그래서 그런지 それでそうか
-(으)로 유명하다 -で有名だ
-마다 度に

STEP UP!

'그래서 그런지'は '그렇다'の'그렇+-아서/어서/여서 그런지'の形で、'-아서/어서/여서 그런지'は、動詞と形容詞の語幹、'名詞+이다'の'名詞+이'について、不確かな理由を表す。

어휘·표현

1. 방위

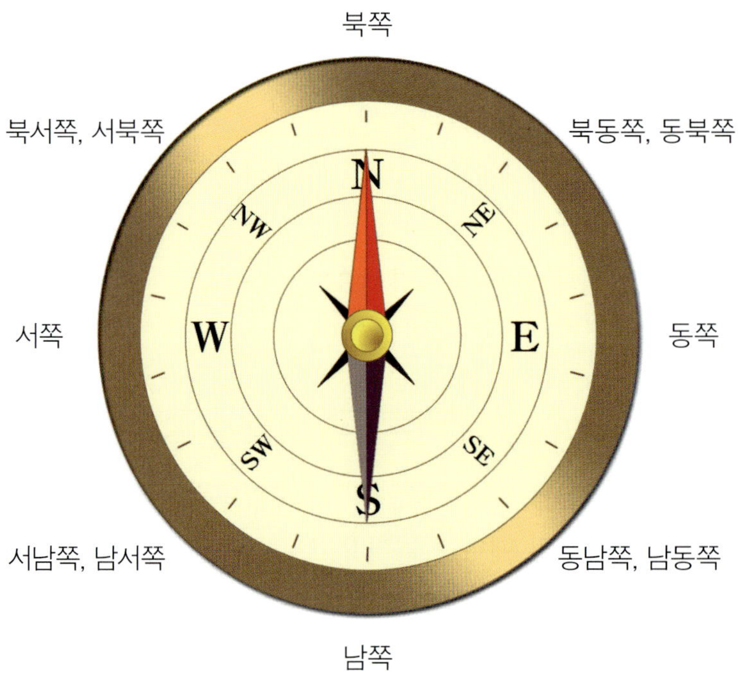

· 방위 方位 ·

북쪽 北	서쪽 西	서남쪽, 남서쪽 南西
동쪽 東	북동쪽, 동북쪽 北東	북서쪽, 서북쪽 北西
남쪽 南	동남쪽, 남동쪽 南東	

연습 1 다음 그림을 보고 〈보기〉와 같이 이야기해 보세요.

次の絵を見ながら例のように話してみましょう。

〈보기〉 대구 / 부산	가 : 대구는 어디에 있어요? 나 : 대구는 부산의 서북쪽에 있어요.

(1) 대전 / 서울

(2) 대구 / 대전

(3) 광주 / 대구

(4) 부산 / 대구

(5) 울산 / 부산

연습 2 여러분의 고향은 어디에 위치하고 있어요? 친구와 이야기해 보세요.

みなさんの故郷はどこに位置していますか。友だちと話してみましょう。

어휘·표현

2. 도시의 특징

수도	조용하다
대도시	깨끗하다
중소도시	공기가 맑다/좋다/나쁘다
시골	역사적이다
인구가 많다/적다	현대적이다
복잡하다	교통이 편리하다/불편하다

· 도시의 특징 都市の特徴 ·

수도 首都
대도시 大都市
중소도시 中小都市
시골 田舎
인구가 많다/적다 人口が多い/少ない
복잡하다 複雑だ
조용하다 静かだ
깨끗하다 きれいだ
공기가 맑다/좋다/나쁘다 空気が澄んでいる/良い/悪い
역사적이다 歴史的だ
현대적이다 現代的だ
교통이 편리하다/불편하다 交通が便利だ/不便だ

연습 1 〈보기〉와 같이 이야기해 보세요.

例のように話してみましょう。

〈보기〉 인구가 많다, 복잡하다, 대도시	가 : 유경 씨 고향은 어떤 곳이에요? 나 : 우리 고향은 인구가 많고 복잡한 대도시예요.

(1) 인구가 적다, 조용하다, 중소도시

(2) 공기가 좋다, 깨끗하다, 시골

(3) 교통이 편리하다, 현대적이다, 대도시

(4) 복잡하다, 인구가 많다, 수도

(5) 조용하다, 역사적이다, 중소도시,

(6) 조용하다, 공기가 맑다, 중소도시

연습 2 여러분의 고향은 어떤 곳이에요? 친구와 이야기해 보세요.

みなさんの故郷はどんな所ですか。友だちと話してみましょう。

문법

1. -만큼

'-만큼'は名詞について、その名詞と似かよった程度であることを表す。

名詞の最後の音節	받침○	-만큼	한국 : 한국 + 만큼 → 한국만큼
	받침×		어머니 : 어머니 + 만큼 → 어머니만큼

(1) 가 : 사나에 씨 고향은 인구가 많아요?
나 : 네. 서울만큼 인구가 많은 대도시예요.

(2) 가 : 여기에 소금은 얼마만큼 넣어요?
나 : 너무 많이 넣으면 짜니까 이만큼만 넣으세요.

(3) 가 : 스노보드를 배우고 싶은데 어렵지 않을까요?
나 : 저는 작년에 배웠는데 생각만큼 어렵지는 않았어요.

(4) 가 : 제가 요리를 잘 못하는데 간단한 요리 없을까요?
나 : 김치찌개를 만들어 보세요. 김치찌개만큼 쉬운 요리도 없어요.

새 단어

넣다 入れる　　스노보드 スノーボード　　간단하다 簡単だ

연습 1 〈보기〉와 같이 ________ 에 알맞은 말을 넣어 이야기한 후 쓰세요.

例のように ________ に当てはまる言葉を入れて話してみましょう。その後、下線部に書いてみましょう。

〈보기〉
가 : 마사코 씨 고향도 이렇게 길이 많이 막혀요?
나 : 네. 여기만큼 길이 막혀요.

(1) 가 : 상윤 씨, 여자 친구가 그렇게 예뻐요?
나 : 네. ________________.

(2) 가 : 요즘 학생들은 정말 키가 큰 것 같아요.
나 : 네, 맞아요. 우리 아들이 중학교 3학년인데 벌써 ________________.

(3) 가 : 소희 씨 동생도 일본어를 잘해요?
나 : 네. 삼 개월밖에 안 배웠는데 ________________.

(4) 기 : ________________ 드릴까요?
나 : 이만큼 주세요.

연습 2 다음이 어느 정도인지 일본과 비교해서 친구와 이야기해 보세요.

次の質問の答えはどの程度なのか日本に比べて友だちと話してみましょう。

	나	친구
한국의 날씨는 어때요?		
한국의 음식은 어때요?		

문법

2. -아지다/어지다/여지다

'-아지다/어지다/여지다'は形容詞の語幹について、その形容詞の状態に変化することを表す。

'形容詞の語幹+-아지다/어지다/여지다'は動詞になる。

形容詞の語幹の最後の音節	ㅏ,ㅗ ○	-아지다	많다 : 많 + 아지다 → 많아지다
	ㅏ,ㅗ ×	-어지다	적다 : 적 + 어지다 → 적어지다
	하다 ○	-여지다	따뜻하다 : 따뜻하 + 여지다 → 따뜻하여지다 → 따뜻해지다

(1) 가 : 은경 씨 고향도 대도시예요?

나 : 네. 원래 중소도시였는데 갑자기 인구가 많아졌어요.

(2) 가 : 해가 많이 길어졌네요.

나 : 네. 이제 날씨도 많이 더워질 거예요.

(3) 가 : 저 식당이 지난번에 텔레비전 방송에 나왔지요?

나 : 네. 그 후에 유명해져서 근처에 비슷한 식당이 많이 생겼어요.

(4) 가 : 유스케 씨 한국어 실력이 많이 좋아지고 있네요.

나 : 네. 이제 한국 사람들과 이야기도 할 수 있게 되었어요.

새 단어

원래 もともと

해가 길다 日が長い

방송 放送

할 수 있게 되다 できるようになる

STEP UP!

'할 수 있게 되다'は'할 수 있다'の'할 수 있+ -게 되다'の形で、'-게 되다'は動詞の語幹について、その動詞の状態に変化することを表す。

연습 1 〈보기〉와 같이 쓰세요.

例のように書いてみましょう。

〈보기〉 좋다 ⇨ 좋아졌어요

(1) 작다 ⇨ ....

(2) 크다 ⇨ ....

(3) 춥다 ⇨ ....

(4) 길다 ⇨ ....

(5) 다르다 ⇨ ....

(6) 조용하다 ⇨ ....

연습 2 다음 그림을 보고 〈보기〉와 같이 .... 에 알맞은 말을 넣어 이야기한 후 쓰세요.
次の絵を見ながら、例のように .... に当てはまる言葉を入れて話してみましょう。
その後、下線部に書いてみましょう。

〈보기〉

가 : 날씨가 많이 추워졌어요.
나 : 네. 이제 코트를 입어야겠어요.

(1)

가 : 이제 한국에도 외국 사람들이 많은 것 같아요.
나 : 맞아요. 십 년 전보다 훨씬 ....

(2)

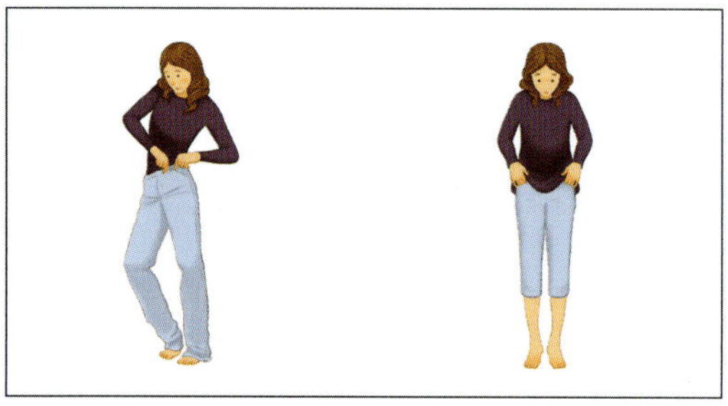

가 : 바지 길이가 왜 그렇게 .... ?
나 : 어떡해요, 비싼 건데……. 빨래를 잘못 해서 그런 것 같아요.

(3)

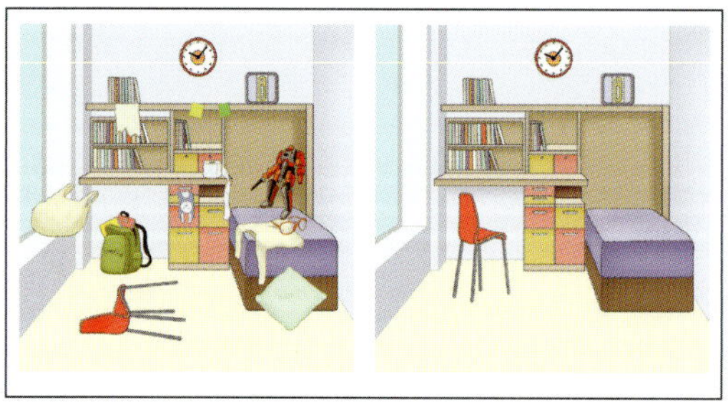

가 : 와, 방이 .... 청소했어요?
나 : 네. 오랜만에 청소를 하니까 기분도 좋아요.

(4) 

가 : 전에 여기에 시장이 있지 않았어요?

나 : 맞아요. 여기에 큰 시장이 있었는데 ....

연습 3 여러분은 어떻게 달라졌어요? 그리고 앞으로 어떻게 달라질까요? 친구와 이야기해 보세요.

みなさん自身はこれまでどのように変わってきましたか。そして今後、どのように変わっていくでしょうか。友だちと話してみましょう。

	나	친구
10년 전과 지금		
지금과 10년 후		

새 단어

훨씬 はるかに　　시장 市場

연습+

여러분의 고향은 어떤 곳입니까? 〈보기〉의 대화를 보고 이야기해 보세요.
みなさんの故郷はどのような所ですか。例のように話してみましょう。

〈보기〉

가	나
교토 일본 서쪽 역사적인 도시	전라남도 여수 서울의 남서쪽 서울, 현대적인 도시, 공기가 좋고 조용하다 2012년에 엑스포를 개최하고 유명하다

가 소정 씨는 고향이 어디예요?

나 제 고향은 전라남도 여수예요.

가 여수는 어떤 곳이에요?

나 서울의 남서쪽에 있어요. 서울만큼 현대적인 도시는 아니지만 공기가 좋고 조용한 곳이에요. 2012년에 엑스포를 개최하고 유명해졌어요.
카나코 씨 고향은 어디예요?

가 제 고향은 교토예요.
일본 서쪽에 있는데 역사적인 도시로 유명한 곳이에요.

(1)

가	나
벳부 일본 남쪽 온천	경상남도 거제 한국의 동남쪽 제주도, 큰 섬, 경치가 아름답고 깨끗하다 부산까지 고속도로가 생긴 후 교통이 편리하다

(2)

가	나
시즈오카 도쿄 서남쪽 후지산	강원도 태백 한국의 동쪽 다른 도시, 교통이 편리한 곳, 아름다운 산을 볼 수 있다 사람들이 도시로 많이 떠나서 인구가 적다

새 단어

전라남도 全羅南道(行政区域名)
여수 麗水(地名)
엑스포 エクスポ(EXPO)
개최하다 開催する
벳부 別府(地名)
온천 温泉
경상남도 慶尚南道(行政区域名)
거제 巨済(地名)
고속도로 高速道路
시즈오카 静岡(地名)
후지산 富士山
강원도 江原道(行政区域名)
태백 太白(地名)
떠나다 離れる
젊다 若い

활동

들어 보세요.

1. 여러분은 고향을 소개할 때 무엇을 이야기합니까?
みなさんは故郷を紹介する時、どんな話をしますか。

2. 다음은 친구 사이의 대화입니다. 들어 보세요. WAV 40
次の会話は友だち同士の会話です。聞いてみましょう。

다음 질문에 답하세요. 次の質問に答えてみましょう。

(1) 남자의 고향은 어디입니까?

(2) 남자의 고향은 어떤 곳입니까?

새 단어

창원 昌原(地名)	공장 工場	쇼핑센터 ショッピングセンター
전자 제품 電子機器	지역 地域	

이야기해 보세요.

1. 여러분의 고향은 어디입니까? 어디에 있습니까? 어떤 특징이 있습니까?
무엇이 유명합니까?
みなさんの故郷はどこですか。どこにありますか。どんな特徴がある所ですか。何が有名ですか。

2. 자신의 고향에 대해서 친구와 이야기해 보세요.
自分の故郷について友だちと話してみましょう。

활동

읽어 보세요.

1. 여러분은 도시를 소개하는 글을 읽어 본 적이 있습니까? 어떤 내용이 있었습니까?
みなさんは都市を紹介する文を読んだことがありますか。どんな内容でしたか。

2. 다음은 도시를 소개하는 글입니다. 읽어 보세요.
次の絵は都市を紹介する文です。読んでみましょう。

제 고향 공주는 충청남도의 가장 동쪽에 위치한 공기가 맑고 조용한 중소도시입니다. 공주에는 서울의 한강과 같이 도시 가운데 금강이 흐르고 어디에서나 산을 볼 수 있어서 경치가 아름답습니다.

공주는 지금은 인구 12만 명의 중소도시이지만 5~6세기에는 백제의 수도였습니다. 그래서 무령왕릉, 공산성과 같은 백제의 유적지를 볼 수 있고 해마다 열리는 백제문화축제를 보러 관광객들이 옵니다. 그리고 매년 10월이 되면 밤을 줍고 농촌 체험을 할 수 있는 축제도 열려서 공주의 특산물인 맛있는 밤을 먹어 볼 수 있습니다.

최근에는 금강에 여러 가지 레저 시설이 생겨서 그것을 즐기러 오는 사람들도 많아졌습니다.

무령왕릉

공산성

밤

✔ 다음을 읽고 위의 내용과 같으면 ○, 다르면 ×에 표시하세요.

次の文を読んで内容と一致する場合は○、一致しない場合は×にチェックを入れてみましょう。

(1) 공주는 한국의 동쪽에 있는 중소도시입니다. ○ ×

(2) 공주에 가면 강에서 스포츠를 즐길 수 있습니다. ○ ×

(3) 공주는 역사적인 도시로 관광객들이 많이 찾아옵니다. ○ ×

새 단어

위치하다 位置する
금강 錦江
흐르다 流れる
어디에서나 どこでも
백제 百濟
무령왕릉 武零王陵
공산성 公山城
유적지 遺跡
밤 栗
줍다 拾う
농촌 체험 農村体験
특산물 特産物
레저 시설 レジャー施設

써 보세요.

1. 여러분의 고향은 어떤 곳입니까? 간단하게 메모해 보세요.

みなさんの故郷はどんな所ですか。簡単にメモしてみましょう。

위치		
인구		
특징	축제	
	특산물	

2. 위의 내용을 바탕으로 자신의 고향을 소개하는 글을 써 보세요.

上の内容をもとに、自分の故郷を紹介する文章を書いてみましょう。

발음

発音

次の/ㅎ/の発音に注意して読んでみましょう。

우리 고향은 가을에 날씨가 시원해요.	맛이 좋으니까 많이 드세요.

/ㅎ/はひとつの単語中で、パッチム/ㄴ/, /ㄹ/, /ㅁ/, /ㅇ/で終わる音節やパッチムのない音節の後ろにくると弱まる傾向があります。
また、動詞や形容詞の語幹にあるパッチム/ㅎ/は、後ろに母音で始まる語尾がつくと発音されず、二重パッチムの/ㄶ/に使用される/ㅎ/も同様に発音されなくなります。
したがって上の例を発音すると次のようになります。

고향 [고향~고양]	시원해요 [시워내요]	좋아요 [조아요]	많이 [마니]

読んでみましょう。 WAV 41

(1) 중학교 - 문화 - 체험 - 사흘

(2) 그 영화는 내용이 괜찮아요.

(3) 가 : 어떤 사람하고 결혼하고 싶어요?
　　나 : 성격이 좋은 사람을 만나서 결혼하고 싶어요.

自己評価				
1	自分の故郷の位置や特徴を表現することができますか。	☺	😐	☹
	自分の故郷について紹介することができますか。	☺	😐	☹

문화 文化

✔ 여러분은 한국의 도시를 얼마나 알고 있습니까?

みなさんは韓国の都市をどれくらい知っていますか。

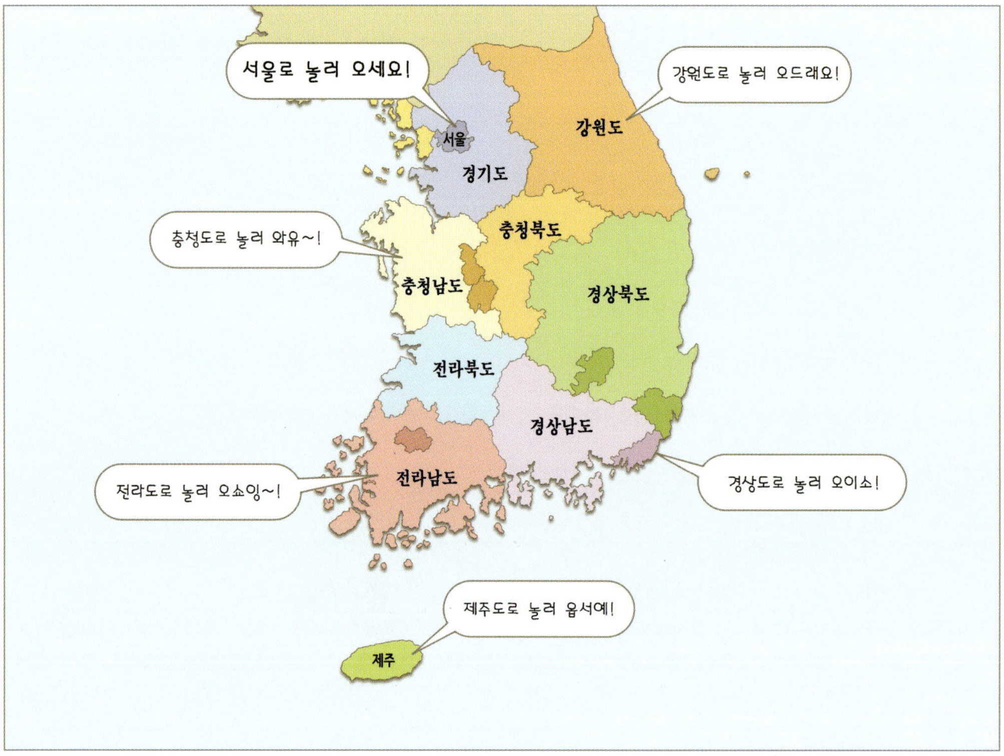

韓国の行政区域はひとつの特別市と6つの広域市、8つの道、そして済州特別自治道で構成されています。ソウル特別市は首都で、政治、文化、経済の中心地で、各道の中心都市は広域市に指定されています。

경기도(京畿道)は首都ソウルを取り囲んでいて、首都圏の人口を吸収する衛星都市が多く位置しています。강원도(江原道)は山が多く、東海に接しているため、夏のバカンスに訪れる人が多いところとして指折りの地域です。충청도(忠清道)は重要な高速道路と鉄道が交わる交通の要所です。一方、전라도(全羅道)は平野が広がり、昔からパンソリなどの芸術が盛んなところです。경상도(慶尚道)には釜山広域市があり、主要な工業施設が多くあります。

✔ 여러분이 알고 있는 도시들은 어디에 있는지 지도에서 찾아보세요.

みなさんが知っている都市はどこにあるのか、地図上で探してみましょう。

알쏭달쏭 한국어

間違えやすい韓国語

形容詞の中には漢字語と結びついたものがありますが、日本語の場合は'-だ'と結合する反面、韓国語では'하다'と結合します。したがって'건강하다(健康だ),유명하다(有名だ),중요하다(重要だ),필요하다(必要だ)'のような単語は'漢字語+하다'の形をとる形容詞となります。漢字語だけでなく'조용하다'(静かだ),'깨끗하다'(きれいだ)の場合も'-하다'で終わる形容詞です。
このような単語を日本語の'-だ'に該当する'-이다' につなげて'건강이에요, 깨끗이에요'のように使用するのは誤った表現ですので注意してください。

연 습 次のうち、間違った文章はどれでしょうか。選んでみましょう。

(1) 우리 고향은 사과로 유명이에요.

(2) 공기가 깨끗한 곳에서 살고 싶어요.

(3) 외국어는 꾸준히 공부하는 것이 중요입니다.

正解 (2)

제1과 저는 무역 회사에서 일합니다.

가 : 오늘은 우리 동호회의 새 회원을 소개하겠습니다.
유스케 씨, 간단히 인사 부탁드립니다.

나 : 안녕하세요. 저는 다나카 유스케라고 합니다. 만나서 반갑습니다.
저는 어릴 때부터 운동하는 것을 좋아해서 여러 운동을 배웠습니다. 그런데 혼자 하는 것보다 같이 모여서 운동을 하고 싶어서 축구 동호회에 들어오게 되었습니다. 앞으로 잘 부탁드립니다.

다 : 안녕하세요. 환영합니다.
실례지만 그럼 운동과 관계가 있는 일을 하십니까?

나 : 아닙니다. 저는 지금 여행사에 다니고 있습니다. 운동은 제 취미입니다.

가 : 그렇군요. 앞으로 열심히 활동해 주세요.

제2과 여기서 드실 거예요?

가 : 여기요.

나 : 네, 주문하시겠어요?

가 : 네. 그런데 여기 뭐가 맛있어요?

나 : 와인삼겹살하고 불고기가 맛있어요. 한번 드셔 보세요.

가 : 잠깐만요. 켄토 씨, 어떤 걸로 할래요?

다 : 우리 와인삼겹살을 먹어요.

가 : 여기 와인삼겹살 이 인분 주세요.

나 : 술이나 음료수는 필요 없으세요?

가 : 콜라 두 병 주세요.

〈식사 중〉

가 : 우리 고기를 더 시킬까요?

다 : 네. 좋아요. 여기요. 여기 삼겹살 이 인분 더 주시겠어요?

가 : 그리고 불판 좀 갈아 주세요.

나 : 네. 잠깐만 기다리세요.

제3과 동생은 눈이 크고 얼굴이 작아요.

가 : 민정 씨, 혹시 요즘 만나는 사람이 있어요?

나 : 아니요, 없어요. 그런데 왜요?

가 : 좋은 사람 소개해 주고 싶어서요.
민정 씨는 어떤 사람을 좋아해요?

나 : 저는 키도 크고 어깨도 넓은 사람을 좋아해요.

가 : 제가 체격이 작은 편이라서 체격이 큰 사람을 만나고 싶어요. 얼굴도 좋아하는 스타일이 있죠?

나 : 하하, 그럼요. 영화배우 장은석처럼 얼굴이 달걀형이고,

가 : 큰 눈에 쌍꺼풀이 있고 코가 높은 사람?
알겠어요. 열심히 찾아볼게요.

제4과 원피스 좀 보여 주세요.

가 : 어서 오세요. 뭘 찾으세요?

나 : 바지를 하나 사려고 하는데요.

가 : 그럼 이 면바지는 어떠세요? 색이 밝으니까 시원해 보일 거예요.

나 : 그럼 한번 입어 볼게요.

〈잠시 후〉

가 : 사이즈는 잘 맞으세요?

나 : 네. 사이즈도 잘 맞고 색도 마음에 드네요. 이걸로 할게요.

가 : 더 필요한 건 없으세요?

나 : 이 바지에 어울리는 남방도 좀 보여 주세요.

가 : 이 남방은 어떠세요? 요즘 유행이에요.

나 : 디자인은 마음에 드는데 사이즈가 좀 작을 것 같네요.

가 : 그러세요? 지금 이것보다 큰 사이즈는 없는데요.

나 : 그럼 이 바지만 할게요.

제5과 부탁이 하나 있는데요.

가 : 형민 씨, 저 부탁이 하나 있는데요.

나 : 무슨 부탁인데요?

가 : 제가 지금 할 일이 너무 많아서 그러는데 이 자료 좀 정리해 줄 수 있어요?

나 : 어, 어떡하지요? 제가 지금 나가봐야 해서 도와줄 수 없을 것 같은데요. 제가 오후에 사무실로 돌아와서 도와드리면 안 될까요?

가 : 아니에요. 그럼 제가 다른 사람한테 한번 부탁해 볼게요.

나 : 못 도와드려서 죄송해요.

가 : 죄송하기는요. 어쩔 수 없지요, 뭐. 아무튼 신경 써 줘서 고마워요.

제6과 너무 긴장돼서 실수를 했어요.

가 : 영아 씨, 무슨 안 좋은 일이 있어요? 안색이 안 좋아요.

나 : 오늘 제 친구가 미국으로 유학을 떠났어요.

가 : 그래요? 어떤 친구인데요?

나 : 어릴 때부터 아주 친한 친구예요.

가 : 제가 힘들 때 저한테 여러 가지로 도움도 많이 줬고요. 요즘은 서로 바빠서 연락을 잘 못 했는데 갑자기 유학을 갔어요.

가 : 섭섭하겠어요.

나 : 네. 외국으로 가니까 걱정도 되고요.

가 : 제 친구도 유학을 갔는데요. 우리는 그 전보다 더 자주 연락을 주고 받아요. 영아 씨도 자주 연락하세요.

제7과 유자차를 마시면 목이 덜 아플 거예요.

가 : 어떻게 오셨습니까?

나 : 콧물이 조금 나고 눈이 너무 가려워서요.

가 : 언제부터 그러셨어요?

나 : 주말에 공원에 소풍을 갔는데 그때부터 눈이 너무 가려워요.

가 : 어디 좀 봅시다.

〈잠시 후〉

가 : 알레르기 때문인 것 같네요. 먹는 약을 처방해 드리겠습니다. 약을 잘 드시고 눈은 절대로 만지지 마세요. 그리고 손을 자주 씻으세요.

나 : 네, 알겠습니다.

제8과 한복을 입어 본 적이 있어요.

가 : 유미 씨, 그게 무슨 사진이에요? 저도 보여 주세요.

나 : 아, 이거요? 이거 전에 템플 스테이를 할 때 찍은 사진이에요.

가 : 저는 템플 스테이를 해 본 적이 없는데 어땠어요?

나 : 저는 절의 분위기도 아주 마음에 들고
조용히 혼자 생각하는 시간도 있어서 너무 좋았어요. 그리고 무엇보다도 사찰 음식이 맛있어서 인상적이었어요.

가 : 그래요? 저도 해 보고 싶어요. 템플 스테이에 대해 알아봐야겠네요.

제9과 소포를 보내고 싶은데요.

가 : 어서 오세요. 뭘 하실 겁니까?

나 : 환전을 하려고 하는데요.

가 : 뭘로 바꾸시겠습니까?

나 : 엔을 원으로 바꾸고 싶은데요.

가 : 그러세요? 그럼 얼마나 바꿔 드릴까요?

나 : 오만 엔을 환전해 주세요.

가 : 손님, 여권 갖고 계세요?

나 : 아니요. 지금 없는데요.

가 : 그러세요? 신분증이 없으면 환전이 안 됩니다.

나 : 아, 잠시만요. 외국인등록증이 있는데 이걸로도 되지요?

가 : 네. 됩니다.

제10과 진아 씨 고향은 어디예요?

가 : 주성 씨 고향은 어디예요?

나 : 경남 창원이에요.

가 : 창원이요? 처음 들어 보는데……. 어디에 있어요?

나 : 시노 씨, 부산 알지요? 부산 서쪽에 있어요.

가 : 인구는 백만 명 정도 되고요.

가 : 아 그렇군요. 사람들이 많이 사네요.

나 : 창원은 전자 제품을 만드는 공장이 많아요.

가 : 그 공장들이 생길 때 다른 지역에서 사람들이 와서 인구가 많아졌어요. 창원은 어떤 곳이에요?

나 : 서울만큼 복잡하지는 않지만 쇼핑센터도 많고 교통도 편리해서 살기 좋은 곳이에요.

가 : 아, 그래요? 덕분에 오늘 한국 도시 하나를 더 알게 됐네요.

정답 正解

제1과 저는 무역 회사에서 일합니다.

語彙 · 表現

1 직업

연습1 (1) 가 : 지금 무슨 일을 해요?
나 : 저는 은행원이에요.
(2) 가 : 지금 무슨 일을 해요?
나 : 저는 변호사예요.
(3) 가 : 지금 무슨 일을 해요?
나 : 저는 미용사예요.
(4) 가 : 지금 무슨 일을 해요?
나 : 저는 통역가예요.
(5) 가 : 지금 무슨 일을 해요?
나 : 저는 교사예요.
(6) 가 : 지금 무슨 일을 해요?
나 : 저는 군인이에요.

2 직장

연습1 (1) 가 : 지금 어떤 일을 해요?
나 : 저는 제약 회사에 다녀요.
(2) 가 : 지금 어떤 일을 해요?
나 : 저는 여행사에 다녀요.
(3) 가 : 지금 어떤 일을 해요?
나 : 저는 출판사에 다녀요.
(4) 가 : 지금 어떤 일을 해요?
나 : 저는 광고 회사에 다녀요.

文法

1 -습니다/ㅂ니다

연습1

(1) 읽습니다	읽었습니다	읽을 것입니다
(2) 봅니다	봤습니다	볼 것입니다
(3) 합니다	했습니다	할 것입니다
(4) 놉니다	놀았습니다	놀 것입니다
(5) 듣습니다	들었습니다	들을 것입니다
(6) 씁니다	썼습니다	쓸 것입니다
(7) 바쁩니다	바빴습니다	
(8) 춥습니다	추웠습니다	
(9) 기자입니다	기자였습니다	
(10) 회사원입니다	회사원이었습니다	

연습2

(1) 좋아합니까,〈例〉 불고기를 제일 좋아합니다
(2) 했습니까, 〈例〉 여행을 했습니다
(3) 갈 것입니까, 〈例〉 갈 것입니다
(4) 합니까, 〈例〉 책을 읽습니다

2 -고 있다

연습1 (1) 읽고 있어요
(2) 쓰고 있어요
(3) 일하고 있어요
(4) 다니고 있어요
(5) 살고 있어요
(6) 듣고 있어요

연습2 (1) 책을 읽고 있어요
(2) 밥을 먹고 있어요
(3) 샤워하고 있었어요
(4) 다니고 있어요
(5) 배우고 있어요
(6) 하고 있어요

活動

들어 보세요.

(1) 남자는 축구 동호회에 가입했어요
(2) ②

읽어 보세요.

(1) ○
(2) ×
(3) ×
(4) ○

제2과 여기서 드실 거예요?

語彙・表現

1 주문1

연습1
(1) 진동벨로 알려 드릴게요
(2) 가져갈 거예요
(3) 일회용 컵에 주세요
(4) 데워 주세요

2 주문2

연습1
(1) 여기 좀 닦아 주세요
(2) 여기 주문할게요
(3) 숟가락 좀 갖다 주세요
(4) 반찬 좀 더 주세요

文法

1 -아/어/여 보다

연습1

(1) 타 봤어요	타 보세요
(2) 입어 봤어요	입어 보세요
(3) 만들어 봤어요	만들어 보세요
(4) 들어 봤어요	어 보세요
(5) 써 봤어요	써 보세요
(6) 해 봤어요	해 보세요

연습2
(1) 먹어 봤어요
(2) 스키를 타 봤어요
(3) 가 보세요
(4) 입어 보세요

2 -는/(으)ㄴ 것 같다

연습1
(1) 큰 것 같아요
(2) 먹는 것 같아요
(3) 맛있는 것 같아요
(4) 좋은 것 같아요
(5) 아픈 것 같아요
(6) 듣는 것 같아요
(7) 만드는 것 같아요
(8) 어려운 것 같아요
(9) 한국 사람인 것 같아요
(10) 가수인 것 같아요

연습2
(1) 불고기가 맛있는 것 같아요
(2) 자는 것 같아요
(3) 바쁜 것 같아요
(4) 지은 씨 남자 친구인 것 같아요

活動

들어 보세요.

(1) ①, ③
(2) 와인삼겹살 사 인분하고 콜라 두 병을 주문했어요

읽어 보세요.

(1) ×
(2) ×

정답 正解

제3과 동생은 눈이 크고 얼굴이 작아요.

語彙 · 表現

2 얼굴

연습1

(1) 가 : 어떻게 생겼어요?
나 : 얼굴이 갸름해요. 그리고 눈이 작고 쌍꺼풀이 없어요. 코가 높고 입술이 두꺼워요.

(2) 가 : 어떻게 생겼어요?
나 : 얼굴이 갸름해요. 눈이 크고 쌍꺼풀이 없어요. 코가 낮고 입술이 얇아요.

文法

1 -는/(으)ㄴ

연습1

(1) 읽는
(2) 아픈
(3) 추운
(4) 긴
(5) 따뜻한
(6) 좋은
(7) 듣는
(8) 재미있는
(9) 아는
(10) 회사원인

연습2

(1) 가는
(2) 마시는
(3) 좋아하는
(4) 유명한
(5) 큰
(6) 저는 키가 크고 얼굴이 예쁜 사람을 좋아해요.

2 -는/(으)ㄴ 편이다

연습1 (1) 작은 편이에요
(2) 먹는 편이에요
(3) 잘하는 편이에요
(4) 어려운 편이에요
(5) 만드는 편이에요
(6) 재미있는 편이에요

연습2 (1) 추운 편이에요
(2) 전화하는 편이에요
(3) 잘하는 편이에요
(4) 재미있는 편이었어요
(5) 좋아하는 편이었어요
(6) 먼 편이에요

活動

들어 보세요.

(1) ×
(2) ○
(3) ○

읽어 보세요.

(1) ②
(2) 장서연은 섹시한 영화배우 역할을 연기했어요.

제4과 원피스 좀 보여 주세요.

語彙・表現

1 옷 종류

연습1

(1) 가 : 뭘 입었어요?/입고 있어요?
 나 : 반바지에 티셔츠를 입었어요./입고 있어요.
(2) 가 : 뭘 입었어요?/입고 있어요?
 나 : 원피스에 재킷을 입었어요./입고 있어요.
(3) 가 : 뭘 입었어요?/입고 있어요?
 나 : 치마에 티셔츠하고 카디건을 입었어요.
(4) 가 : 뭘 입었어요?/입고 있어요?
 나 : 청바지에 스웨터하고 코트를 입었어요./입고 있어요.

2 탈착 표현

연습1

〈例〉켄타로 씨는 지금 면바지와 스웨터를 입고 있어요. 그리고 양말을 벗고 있고 모자를 벗었어요. 슈지 씨는 청바지에 남방을 입고 슬리퍼를 신고 있어요. 그리고 안경을 벗었고 시계를 차고 있어요. 하나 씨는 귀걸이를 뺐어요. 유미 씨는 원피스에 카디건을 입고 목걸이를 하고 있어요.

文法

1 -는데/(으)ㄴ데

연습1

(1) 보는데
(2) 작은데
(3) 사는데
(4) 먼데
(5) 듣는데
(6) 매운데
(7) 맛있는데
(8) 재미없는데
(9) 선생님인데
(10) 오후인데

연습2

(1) 영화표가 두 장 있는데
(2) 내일부터 연휴인데
(3) 경치도 좋은데
(4) 슈퍼마켓에 가는데
(5) 퇴근 시간이 지났는데
(6) 음식을 너무 많이 만들었는데

2 -(으)ㄹ 것 같다

연습1

(1) 먹을 것 같아요
(2) 볼 것 같아요
(3) 들을 것 같아요
(4) 살 것 같아요
(5) 매울 것 같아요
(6) 공무원일 것 같아요

연습2

(1) 비쌀 것 같아요
(2) 먹을 것 같아요
(3) 새벽일 것 같아요
(4) 도착했을 것 같아요
(5) 마음에 들어할 것 같아요
(6) 나올 것 같아요

活動

들어 보세요.

(1) ○
(2) ○

읽어 보세요.

(1) 서준
(2) 유빈
(3) 준서

정답 正解

제5과 부탁이 하나 있는데요.

語彙 · 表現

1 부탁

연습1

(1) 부탁을 드렸어요
(2) 도움을 받았어요
(3) 부탁을 거절했어요
(4) 부탁을 받았어요

2 부탁 수락과 거절

연습1

(1) 고맙기는요
(2) 괜찮아요
(3) 아니에요
(4) 어떡하지요?

文法

1 -아/어/여 주다

연습1

(1) 읽어 줘요	읽어 주세요
(2) 써 줘요	써 주세요
(3) 보여 줘요	보여 주세요
(4) 빌려 줘요	빌려 주세요
(5) 가르쳐 줘요	가르쳐 주세요
(6) 만들어 줘요	만들어 주세요
(7) 들어 줘요	들어 주세요
(8) 해 줘요	해 주세요

연습2

(1) 열어 주세요
(2) 옮겨 주세요
(3) 가르쳐 주세요
(4) 빌려 줬어요

2 -(으)ㄹ게요

연습1

(1) 살게요
(2) 쓸게요
(3) 먹을게요
(4) 기다릴게요
(5) 연락할게요
(6) 열게요
(7) 들을게요
(8) 그럴게요

연습2

(1) 기다릴게요
(2) 올게요
(3) 닫을게요
(4) 열게요

活動

들어 보세요.

(1) ×
(2) ○

읽어 보세요.

(1) ○
(2) ×
(3) ×

제6과 너무 긴장돼서 실수를 했어요.

語彙 · 表現

1 기분 · 감정1

연습1

(1) 긴장돼요
(2) 짜증이 나요
(3) 속상해요
(4) 기분이 나빠요

2 기분 · 감정2

연습1

(1) 창피했어요
(2) 아쉬워요
(3) 외로워서
(4) 행복해요

文法

1 -(으)ㄹ 때

연습1

(1) 읽을 때
(2) 볼 때
(3) 바쁠 때
(4) 많을 때
(5) 추울 때
(6) 들을 때
(7) 살 때
(8) 공부할 때

연습2

(1) 할 때
(2) 많을 때
(3) 끝났을 때
(4) 갈 때
(5) 입을 때
(6) 여행 갔을 때

2 -겠-

연습1

(1) 먹겠어요
(2) 춥겠어요
(3) 들겠어요
(4) 기뻐하겠어요
(5) 예쁘겠어요
(6) 깨끗하겠어요
(7) 올해겠어요
(8) 시험이겠어요

연습2

(1) 비가 오겠어요
(2) 바쁘겠어요
(3) 피곤하겠어요
(4) 가겠어요/가고 싶겠어요

活動

들어 보세요.

(1) ○
(2) ×

읽어 보세요.

(1) ×
(2) ○
(3) ○

정답 正解

제7과 유자차를 마시면 목이 덜 아플 거예요.

語彙 · 表現

1 신체

연습1 (1) 가 : 어디가 아파요?
나 : 배가 아파요.
(2) 가 : 어디가 아파요?
나 : 목이 아파요.
(3) 가 : 어디가 아파요?
나 : 발이 아파요.
(4) 가 : 어디가 아파요?
나 : 무릎이 아파요
(5) 가 : 어디가 아파요?
나 : 팔이 아파요.
(6) 가 : 어디가 아파요?
나 : 어깨가 아파요.

2 증상

연습1 (1) 가 : 어디가 아파요?
나 : 감기에 걸렸어요.
(2) 가 : 어디가 아파요?
나 : 콧물이 나요.
(3) 가 : 어디가 아파요?
나 : 기침이 나요.
(4) 가 : 어디가 아파요?
나 : 열이 나요.
(5) 가 : 어디가 아파요?
나 : 설사를 해요.
(6) 가 : 어디가 아파요?
나 : 소화가 안 돼요.

文法

1 -(으)ㄴ

연습1 (1) 읽은
(2) 본
(3) 간
(4) 먹은
(5) 한
(6) 만난
(7) 들은
(8) 만든

연습2 (1) 본
(2) 마신
(3) 먹은
(4) 입은
(5) 한/부른
(6) 만난, 이야기한

2 -(으)면

연습1 (1) 오면
(2) 바쁘면
(3) 먹으면
(4) 걸으면
(5) 걸면
(6) 더우면

연습2 (1) 받으면
(2) 있으면
(3) 들으면
(4) 끝났으면
(5) 〈例〉 위로 올라가면
(6) 〈例〉 가 : 한국에서 좋아하는 연예인을 만나면 뭘 하고 싶어요?
나 : 연예인을 만나면 같이 식사를 하고 이야기하고 싶어요.

活動

들어 보세요.

(1) ①, ④
(2) ③, ④

읽어 보세요.

(1) ①, ③
(2) ①, ②

제8과 한복을 입어 본 적이 있어요.

語彙・表現

1 문화 체험

연습1 (1) 가 : 지난 주말에 뭘 했어요?
나 : 한국 음식을 만들었어요.
(2) 가 : 지난 주말에 뭘 했어요?
나 : 태권도를 배웠어요.
(3) 가 : 지난 주말에 뭘 했어요?
나 : 한옥에서 묵었어요.
(4) 가 : 지난 주말에 뭘 했어요?
나 : 템플 스테이를 했어요.
(5) 가 : 지난 주말에 뭘 했어요?
나 : 도자기를 만들었어요.
(6) 가 : 지난 주말에 뭘 했어요?
나 : 사물놀이를 배웠어요.

2 감상

연습1 (1) 신기했어요
(2) 인상적이었어요
(3) 즐거웠어요
(4) 별로였어요

文法

1 -(으)ㄴ 적이 있다/없다

연습1
(1)	먹은 적이 있어요	먹은 적이 없어요
(2)	본 적이 있어요	본 적이 없어요
(3)	만난 적이 있어요	만난 적이 없어요
(4)	일한 적이 있어요	일한 적이 없어요
(5)	만든 적이 있어요	만든 적이 없어요
(6)	산 적이 있어요	산 적이 없어요
(7)	받은 적이 있어요	받은 적이 없어요
(8)	들은 적이 있어요	들은 적이 없어요

연습2 (1) 아르바이트를 한 적이 있어요
(2) 먹어 본 적이 있어요
(3) 한 적이 없어요
(4) 산 적이 있어요
(5) 만난 적이 있지만
(6) 〈例〉 가 : 고등학교 때 혼자 여행한 적이 있어요?
나 : 아니요. 혼자 여행한 적이 없어요.

2 -아야겠다/어야겠다/여야겠다

연습1 (1) 봐야겠어요
(2) 읽어야겠어요
(3) 마셔야겠어요
(4) 공부해야겠어요
(5) 만들어야겠어요
(6) 들어야겠어요

연습2 (1) 마셔야겠어요
(2) 가야겠어요
(3) 가져가야겠어요
(4) 찍어야겠어요
(5) 사야겠어요
(6) 운동을(조깅을) 해야겠어요

活動

들어 보세요.

(1) ×
(2) ○
(3) ×

읽어 보세요.

(1) ×
(2) ×
(3) ○

정답 正解

제9과 소포를 보내려고 하는데요.

語彙 · 表現

1 은행 업무

연습1 (1) 가 : 뭘 하실 겁니까?
나 : 돈을 찾으려고 하는데요.
(2) 가 : 뭘 하실 겁니까?
나 : 환전하려고 하는데요.
(3) 가 : 뭘 하실 겁니까?
나 : 분실 신고를 하려고 하는데요.
(4) 가 : 뭘 하실 겁니까?
나 : 통장을 만들려고 하는데요.

2 우체국 업무

연습1 (1) 가 : 어떻게 오셨습니까?
나 : 우표를 사고 싶은데요.
(2) 가 : 어떻게 오셨습니까?
나 : 연하장을 사고 싶은데요.
(3) 가 : 어떻게 오셨습니까?
나 : 택배를 보내고 싶은데요.
(4) 가 : 어떻게 오셨습니까?
나 : 국제 특급 우편을 보내고 싶은데요.

文法

1 -(으)ㄹ

연습1 (1) 볼
(2) 입을
(3) 만날
(4) 공부할
(5) 만들
(6) 들을

연습2 (1) 먹을
(2) 할
(3) 준비할
(4) 읽을

2 -아도/어도/여도 되다

연습1 (1) 봐도 돼요
(2) 먹어도 돼요
(3) 마셔도 돼요
(4) 써도 돼요
(5) 열어도 돼요
(6) 들어도 돼요
(7) 줘도 돼요
(8) 해도 돼요

연습2 (1) 봐도 돼요
(2) 닫아도 돼요
(3) 찍어도 돼요
(4) 다녀와도 돼요
(5) 써도 돼요
(6) 〈例〉 가 : 오늘 집에 놀러 가도 돼요?
나 : 네. 좋아요. 저녁에 오세요.

活動

들어 보세요.

(1) ○
(2) ×

읽어 보세요.

(1) 이사람은 십 만 원을 찾았어요.

제10과 진아 씨 고향은 어디예요?

語彙 · 表現

1 방위

연습1 (1) 가 : 대전은 어디에 있어요?
나 : 대전은 서울의 남쪽에 있어요.
(2) 가 : 대구는 어디에 있어요?
나 : 대구는 대전의 동남쪽에 있어요.
(3) 가 : 광주는 어디에 있어요?
나 : 광주는 대구의 서쪽에 있어요.
(4) 가 : 부산은 어디에 있어요?
나 : 부산은 대구의 동남쪽에 있어요.
(5) 가 : 울산은 어디에 있어요?
나 : 울산은 부산의 북쪽에 있어요.

2 도시의 특징

연습1
(1) 가 : 유경 씨 고향은 어떤 곳이에요?
나 : 우리 고향은 인구가 적고 조용한 중소도시예요.
(2) 가 : 유경 씨 고향은 어떤 곳이에요?
나 : 공기가 좋고 깨끗한 시골이에요.
(3) 가 : 유경 씨 고향은 어떤 곳이에요?
나 : 교통이 편리하고 현대적인 대도시예요.
(4) 가 : 유경 씨 고향은 어떤 곳이에요?
나 : 복잡하고 인구가 많은 수도예요.
(5) 가 : 유경 씨 고향은 어떤 곳이에요?
나 : 조용하고 역사적인 중소도시예요.
(6) 가 : 유경 씨 고향은 어떤 곳이에요?
나 : 조용하고 공기가 맑은 중소도시예요.

文法

1 -만큼

연습1
(1) 영화배우만큼 예뻐요
(2) 저만큼 키가 커요
(3) 나만큼 해요
(4) 얼마만큼

2 -아지다/어지다/여지다

연습1
(1) 작아졌어요
(2) 커졌어요
(3) 추워졌어요
(4) 길어졌어요
(5) 달라졌어요
(6) 조용해졌어요

연습2
(1) 많아졌어요
(2) 짧아졌어요
(3) 깨끗해졌어요
(4) 없어졌어요

活動

들어 보세요.

(1) 남자의 고향은 경남 창원이에요.
(2) 서울만큼 복잡하지 않지만 교통이 편리하고 살기 좋은 곳이에요.

읽어 보세요.

(1) ×
(2) ○
(3) ○

찾아보기 索引

찾아보기 索引

찾아보기 索引

찾아보기 索引

찾아보기 索引

감수
김정숙 고려대학교 문과대학 국어국문학과 교수

집필
이유경 고려대학교 한국어센터 전임강사
이윤영 고려대학교 한국어센터 위촉강사
홍명옥 고려대학교 한국어센터 위촉강사
장은경 고려대학교 한국어센터 위촉강사

번역
기시 카나코岸加那子 고려대학교 국어국문학과 박사과정 수료(한국어문화교육학)

술술 한국어 2

초판 발행 1쇄 2015년 7월 10일
지은이 고려대학교 국제어학원 한국어센터
펴낸곳 고려대학교출판문화원
www.kupress.com
kupress@korea.ac.kr
136-701 서울특별시 성북구 안암로 145
02-3290-4230, 4232
Fax 923-6311
찍은곳 네오프린텍(주)

ISBN 978-89-7641-878-4 13710

값 30,000원(별책 포함)

*본문 녹음 WAV 파일은 고려대학교출판문화원 홈페이지 자료실에서 내려받을 수 있습니다.

*잘못 만들어진 책은 바꿔드립니다.